职业教育汽车类专业改革创新教材

汽车传动系统的构造与检修

主　编　刁维芹
副主编　李军辉　陈向东
参　编　侯　勇　侯文胜　杨桂英　唐军武

机械工业出版社

本书采用项目引领、任务驱动的形式，以汽车传动系统维修中的典型项目和任务为载体进行编写。

本书由九个项目组成，主要介绍了汽车传动系统各组成部分的结构、功能及检修方法，主要包括离合器的构造与检修、手动变速器的构造与检修、液力自动变速器的构造与检修、直接换档变速器的构造与检修、无级变速器的构造与检修、万向传动装置的构造与检修、驱动桥的构造与检修及四轮驱动系统的构造与检修等内容。

本书内容详尽，图文并茂，结合企业实际，具有较强的实践性，可作为高等职业学校汽车检测与维修专业教材，也可作为汽车行业从业人员岗位培训用书，还可供汽车维修技术人员参考使用。

为方便教学，本书配有电子课件和习题答案，凡选用本书作为授课教材的老师均可登录 www.cmpedu.com 以教师身份注册、下载。

图书在版编目（CIP）数据

汽车传动系统的构造与检修/刁维芹主编 . —北京：机械工业出版社，2019.7（2024.8重印）
职业教育汽车类专业改革创新教材
ISBN 978-7-111-62634-3

Ⅰ.①汽… Ⅱ.①刁… Ⅲ.①汽车—传动系—构造—职业教育—教材②汽车—传动系—车辆修理—职业教育—教材 Ⅳ.①U472.41

中国版本图书馆 CIP 数据核字（2019）第 082180 号

机械工业出版社（北京市百万庄大街22号 邮政编码100037）
策划编辑：曹新宇 责任编辑：曹新宇 牛砚斐
责任校对：樊钟英 封面设计：鞠 杨
责任印制：单爱军
北京虎彩文化传播有限公司印刷
2024 年 8 月第 1 版第 6 次印刷
184mm×260mm・12.25 印张・300 千字
标准书号：ISBN 978-7-111-62634-3
定价：32.00 元

电话服务　　　　　　　　　　网络服务
客服电话：010-88361066　　　机 工 官 网：www.cmpbook.com
　　　　　010-88379833　　　机 工 官 博：weibo.com/cmp1952
　　　　　010-68326294　　　金 书 网：www.golden-book.com
封底无防伪标均为盗版　　　　机工教育服务网：www.cmpedu.com

前 言

随着汽车保有量的增加，汽车维修市场迅速扩大，对高技能型人才的需求也日益增加。为了提高学生的职业素养和实践能力，倡导以能力为本位的教育理念，本书在编写中，突出了对学生职业技能的培养，以达到全面提高学生职业能力和综合素质的目的。

本书采用项目引领、任务驱动的形式进行编写。通过大量的照片图、线条图，深入浅出地介绍了汽车传动系统的结构组成、工作原理及检修方法，主要包括离合器的构造与检修、手动变速器的构造与检修、液力自动变速器的构造与检修、直接换档变速器的构造与检修、无级变速器的构造与检修、万向传动装置的构造与检修、驱动桥的构造与检修及四轮驱动系统的构造与检修等内容。

本书在编写体例上较好地体现了当今职业教育的理念，从覆盖职业岗位群的知识和技能要求出发，在夯实理论知识的同时，重视实践能力的培养，在理论体系、组织结构和内容描述上进行了较大调整。本书根据学生的认知特点选取理论知识，技能训练面向岗位需求，突出了实用性。为明确教学目的，在每个项目的开始都提出学习目标，以使学生做到心中有数。

本书是职业教育汽车类专业"十三五"规划教材，在内容的选择上与时俱进，体现了最新的技术。为构建立体化教材，方便教师和学生使用，本书还配备了多媒体教学课件。

本书由刁维芹担任主编，李军辉、陈向东担任副主编，参加编写的还有侯勇、侯文胜、杨桂英、唐军武。

由于编者水平和经验有限，书中难免有错误和不妥之处，敬请广大读者批评指正。

编 者

目 录

前言

项目一 认知不同类型的传动系统 ·· 1

学习目标 ··· 1
知识准备 ··· 1
 一、传动系统的组成和作用 ··· 1
 二、传动系统的布置形式 ·· 2
 三、越野汽车的传动系统 ·· 4
 四、轿车的传动系统 ··· 6
项目实施 ··· 7
 任务　实车认知不同类型传动系统及其组成 ································ 7
课后习题 ··· 7

项目二 离合器的构造与检修 ·· 8

案例引入 ··· 8
学习目标 ··· 8
知识准备 ··· 8
 一、离合器的作用、分类与要求 ··· 8
 二、摩擦式离合器的组成和工作原理 ··· 10
 三、膜片弹簧离合器 ··· 11
 四、离合器操纵机构 ··· 15
 五、离合器常见故障的诊断与排除 ·· 17
项目实施 ··· 19
 任务1　离合器的拆装 ··· 19
 任务2　离合器的检修 ··· 20
课后习题 ··· 22

项目三 手动变速器的构造与检修 ······································· 27

案例引入 ··· 27

学习目标	27
知识准备	27
一、变速器的作用和类型	27
二、普通齿轮变速器的工作原理	28
三、手动变速器的变速传动机构	30
四、手动变速器的换档操纵机构	38
五、变速器常见故障的诊断与排除	41
项目实施	43
任务 手动变速器的拆装与检修	43
课后习题	47

项目四 液力自动变速器的构造与检修

案例引入	50
学习目标	50
知识准备	50
一、液力自动变速器的特点和组成	50
二、液力耦合器与液力变矩器	51
三、齿轮变速传动装置	55
四、液压控制系统	65
五、电子控制系统	69
项目实施	76
任务1 01M自动变速器的拆装与检修	76
任务2 液压控制系统的检修	87
任务3 自动变速器油的检查与更换	88
任务4 电子控制系统的检测	89
课后习题	92

项目五 直接换档变速器的构造与检修

案例引入	96
学习目标	96
知识准备	96
一、七档DSG的特点和工作原理	96
二、七档DSG的组成	97
项目实施	112
任务 更换0AM七档DSG的离合器	112
课后习题	117

项目六　无级变速器的构造与检修 ... 119

案例引入 ... 119

学习目标 ... 119

知识准备 ... 119

　一、无级变速器概述 ... 119

　二、无级变速器的组成 ... 120

项目实施 ... 136

　任务　01J 无级变速器的分解与装配 ... 136

课后习题 ... 140

项目七　万向传动装置的构造与检修 ... 142

案例引入 ... 142

学习目标 ... 142

知识准备 ... 142

　一、万向传动装置的作用和组成 ... 142

　二、万向传动装置的应用 ... 143

　三、万向节 ... 144

　四、传动轴和中间支承 ... 146

　五、万向传动装置的故障诊断 ... 147

项目实施 ... 148

　任务　万向传动装置的拆卸与检修 ... 148

课后习题 ... 149

项目八　驱动桥的构造与检修 ... 153

案例引入 ... 153

学习目标 ... 153

知识准备 ... 153

　一、驱动桥的作用和组成 ... 153

　二、驱动桥的类型 ... 153

　三、主减速器 ... 155

　四、差速器 ... 156

　五、半轴与驱动桥壳 ... 159

项目实施 ... 160

　任务　驱动桥的检修与调整 ... 160

课后习题 ... 165

项目九　四轮驱动系统的构造与检修 ……………………………………………… 169

案例引入 ……………………………………………………………………………… 169
学习目标 ……………………………………………………………………………… 169
知识准备 ……………………………………………………………………………… 169
　一、四轮驱动系统概述 …………………………………………………………… 169
　二、四轮驱动系统的类型 ………………………………………………………… 169
　三、四轮驱动系统的主要部件 …………………………………………………… 171
　四、分动器常见故障的诊断与维修 ……………………………………………… 175
项目实施 ……………………………………………………………………………… 175
　任务　四轮驱动系统分动器的拆装 ……………………………………………… 175
课后习题 ……………………………………………………………………………… 176
课后习题答案 ……………………………………………………………………… 177
参考文献 …………………………………………………………………………… 187

项目一

认知不同类型的传动系统

【学习目标】

1. 理解传动系统的组成和作用。
2. 知道汽车的驱动形式和传动系统的布置形式。
3. 能实车认知不同类型的传动系统。

【知识准备】

一、传动系统的组成和作用

1. 传动系统的分类与组成

按结构和传动介质分,汽车传动系统的形式有机械式、液力机械式、静液式(容积液压式)、电力式等。本书主要介绍机械式和液力机械式传动系统。

机械式传动系统的组成及布置形式如图1-1所示。发动机纵向安置在汽车前部,后轮为驱动轮。发动机发出的动力依次经离合器1、变速器2,由万向节3和传动轴8组成的万向

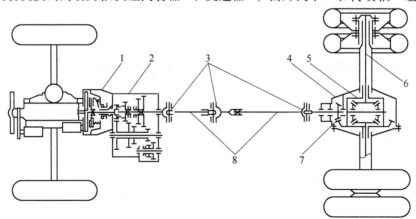

图1-1 机械式传动系统的组成及布置形式

1—离合器 2—变速器 3—万向节 4—驱动桥 5—差速器 6—半轴 7—主减速器 8—传动轴

传动装置，以及安装在驱动桥4中的主减速器7、差速器5和半轴6传到驱动轮。

液力机械式传动系统综合运用了液力传动和机械传动，以液力机械变速器取代了机械式传动系统中的摩擦式离合器和手动变速器，其他组成部分及布置形式均与机械式传动系统相同，如图1-2所示。

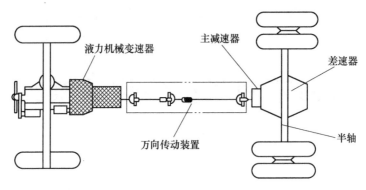

图1-2　液力机械式传动系统

2. 传动系统的作用

汽车传动系统的基本作用是将发动机发出的动力传给驱动轮，以保证汽车能在不同使用条件下正常行驶，并具有良好的动力性和燃料经济性。传动系统各组成部分的作用如下：

（1）离合器　离合器使发动机与传动系统平顺接合，把发动机的动力传给传动系统；或者使两者分开，切断动力的传递。

（2）手动变速器　手动变速器改变发动机输出的转速、转矩和旋转方向，也可以切断发动机至驱动轮的动力传递。

如果采用自动变速器，那么自动变速器兼具离合器和手动变速器的作用。

（3）万向传动装置　万向传动装置的作用是将变速器输出的动力传给主减速器。变速器与车架一般是刚性连接，而驱动桥是通过悬架与车架弹性连接的，这使主减速器与变速器之间的距离及二者轴线之间的夹角都经常发生变化，因而万向传动装置的长度是可以伸缩的，且装有能够适应传动夹角变化的万向节。

（4）主减速器　主减速器的作用是降低转速以增加转矩，保证汽车克服行驶阻力而正常行驶，并且通常要将转矩的旋转方向改变90°，把由传动轴传来的动力传给差速器。

（5）差速器　差速器的作用是将主减速器传来的动力传给两侧半轴，且允许两侧半轴以不同角速度旋转。

（6）半轴　半轴将动力由差速器传给驱动轮，使驱动轮获得旋转动力。

二、传动系统的布置形式

传动系统在汽车上的布置形式取决于汽车总体结构形式、发动机的形式和性能、汽车行驶系统及传动系统本身的结构形式等许多因素，是随发动机的类型和安装位置、汽车用途、驱动形式等不同而变化的。

汽车的驱动形式通常用汽车的全部车轮数×驱动轮数（其中车轮数按轮毂数计）来表示，普通汽车多装有四个车轮，其中两个车轮为驱动轮，则其驱动形式为4×2。若四个车轮都是驱动轮,则表示为 4×4。另外,也有用车桥数来表示的,即汽车的全部车桥数×驱动桥数,如上两例就可表示为 2×1 和 2×2。

目前广泛应用的传动系统的布置形式有如下几种:

1. 发动机前置、后轮驱动的传动系统

图 1-1 所示的传动系统为此种形式的传动系统,是除越野汽车以外的各种汽车中最为常见的一种布置形式。另外,它的变型形式有中桥驱动的 6×2 三桥铰接式客车、带负重轮的 6×2 大客车等。

2. 发动机后置、后轮驱动的传动系统

在一些大型客车上,采用发动机后置、后轮驱动的传动系统,如图 1-3a 所示。发动机 1 横置在后驱动桥 6 之后,发动机动力经离合器 2、变速器 3、角传动装置 4、万向传动装置 5 和后驱动桥 6 传到驱动轮上。为降低高度以便于布置,此种布置形式常采用卧式发动机。

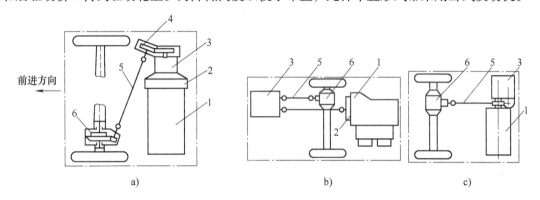

图 1-3 发动机后置、后轮驱动的传动系统示意图
a) 大型客车 b)、c) 轿车
1—发动机 2—离合器 3—变速器 4—角传动装置 5—万向传动装置 6—后驱动桥

发动机有的纵置在驱动桥的后方(图 1-3b),其传动轴大大缩短。但大多数后置发动机是横向布置的(图 1-3a、c),以缩短汽车的后悬。

后置发动机,可使前轴不易过载,并能更充分地利用车厢面积,还可有效地降低地板的高度或充分利用汽车中部地板下的空间安置行李舱等;另外,也有利于减轻发动机的高温和噪声给驾驶人所造成的疲劳感。但其缺点是发动机散热条件差,且运行中的某些故障不易被驾驶人察觉。另外,远距离操纵也使操纵机构变得复杂,维修调整有些不便。由于优点较为突出,这种形式在大型客车上应用越来越多。

3. 发动机前置、前轮驱动的传动系统

该形式与发动机后置、后轮驱动的布置有许多共同的特点,不同之处主要是:操纵机构简单、发动机散热条件好,但上坡时汽车重心后移,使前驱动轮的附着重量减小,驱动轮易打滑;而下坡制动时则由于汽车重心前移,前轮负荷过重,高速时易发生翻车现象。故此种布置形式主要用在可利用承载式车身降低重心的轿车上。

发动机前置、前轮驱动的传动系统有横置发动机和纵置发动机两种类型,如图 1-4 和图 1-5 所示,其中横置发动机可以有效地利用发动机舱内的空间,而且在传动系统中无须改变转矩的传动方向,动力传动效率高。

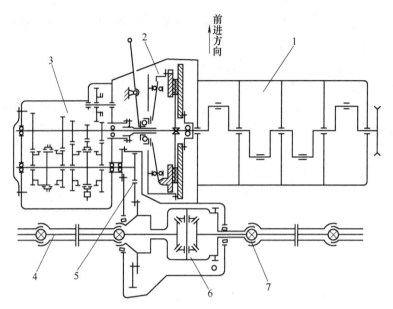

图 1-4 发动机前横置、前轮驱动的传动系统示意图

1—发动机 2—离合器 3—变速器 4—半轴 5—主减速器 6—差速器 7—万向节

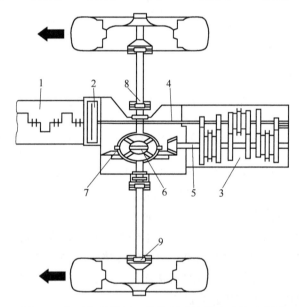

图 1-5 发动机前纵置、前轮驱动的传动系统示意图

1—发动机 2—离合器 3—变速器 4—输入轴 5—输出轴 6—差速器 7—主减速器 8—半轴 9—等速万向节

三、越野汽车的传动系统

越野汽车为了提高在无路和路况差地区的行驶能力,一般都采用四轮驱动。另外,某些大型三轴自卸车和牵引车也采用四轮驱动。图 1-6、图 1-7 所示为几种越野汽车传动系统示意图。

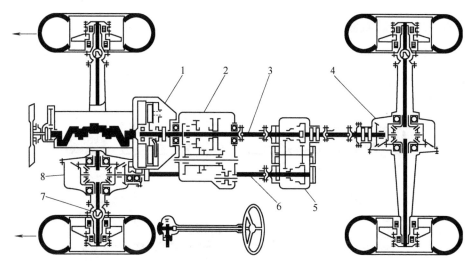

图 1-6 4×4 越野汽车的传动系统示意图

1—离合器 2—变速器 3、6—万向传动装置 4、8—主减速器和差速器 5—分动器 7—等速万向节

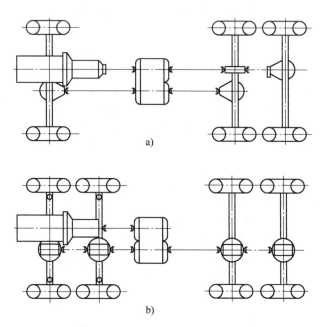

图 1-7 多轴驱动汽车传动系统示意图

a) 6×6 越野汽车 b) 8×8 贯通式中驱动桥越野汽车

这类传动系统的特点是：由于有多个驱动桥，所以在变速器后面加了一个分动器。其作用是把变速器输出的动力经几套万向传动装置分别传给所有的驱动桥，并可进一步降速增矩，以适应越野条件下阻力变化范围更大的需要。分动器和变速器虽都固定在车架上，但二者间一般有一段距离。考虑到安装误差及车架变形的影响等，在二者间也有一套万向传动装置，由于前驱动桥同时又是转向桥，不能用整体式半轴，所以前驱动桥的两根半轴都由两段组成，中间一般用等速万向节相连。

四、轿车的传动系统

在现代轿车中,发动机及传动系统有如下几种常见的布置形式,如图1-8所示。这些布置形式的特征、优缺点及适用范围见表1-1。

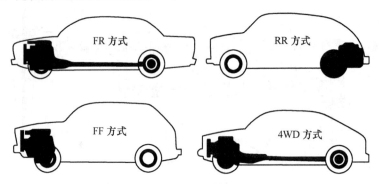

图1-8 轿车传动系统的布置形式

表1-1 轿车传动系统布置形式比较

布置形式	FR方式（发动机前置后轮驱动方式）	FF方式（发动机前置前轮驱动方式）	RR方式（发动机后置后轮驱动方式）	4WD方式（四轮驱动方式）
结构特点	发动机、离合器、变速器连成一个整体,安装在车身前部,主减速器、差速器放在车身后部,两者通过传动轴连接	发动机及传动装置集中安装在车身前部,发动机动力直接驱动前轴。发动机可为横置	将发动机、离合器、变速器、差速器连成一个整体,安放在车身后部,不需要传动轴	发动机、离合器、变速器置于车身前部,通过传动轴及分动器使前、后4个车轮均成为驱动轮
优点	1. 发动机靠近驾驶座,因此发动机、离合器、变速器可以由驾驶人直接操纵,控制机构简单,操作维修方便 2. 整车质量分配合理,前、后轮各接近50%	1. 车身地板平整,有利于增大车内空间； 2. 传动距离短,有利于减轻整车质量 3. 整车质量靠近车辆质心,行驶稳定性好	1. 车身地板平整,还可降低车身地板高度,有利于增大车内空间 2. 有利于减轻整车质量	爬坡能力强,越野性能好
缺点	1. 由于变速器伸入驾驶室内,并有传动轴穿过,车身底部呈隧道状突出,缩小了车内空间 2. 增加了整车质量	1. 前轴结构很复杂,并且操纵机构的布置也较困难 2. 前轮负荷过大,前轮磨损加剧	1. 发动机及动力装置操作距离长,容易产生故障 2. 行李舱空间减小 3. 发动机冷却困难 4. 后轮负荷过大,操纵稳定性差	1. 整车过重,机构变得复杂 2. 平道行驶时,四轮驱动会造成能量浪费。此时将四轮驱动变为仅后轮驱动（与FR方式相同）
应用范围	中型以上轿车多数采用,是轿车采用的主流方案	排量在2.0L以下中、小型轿车上的应用急剧增加	车速不高的微型车应用较多	要求越野性能强的轿车、运动赛车

项目实施

任务　实车认知不同类型传动系统及其组成

【任务目标】

1. 知道汽车传动系统的各组成部分。
2. 认知传动系统的动力传递路线。

【任务准备】

轿车和货车各一辆。

【任务实施】

分别观察传动系统的组成及动力传递路线：离合器、变速器、分动器（4×4汽车，即越野车）、传动轴、主减速器、差速器等。

课 后 习 题

一、填空题

1. 传动系统的作用是将_____输出的动力传给_____。
2. 传动系统按结构和传动介质分为_____、_____、_____和_____等。
3. 发动机的动力经_____、_____、万向节、_____、_____、差速器和_____，最后传给_____。
4. 传动系统的布置形式主要有_____、_____、_____和_____。
5. FR 表示汽车传动系统的布置形式为_____。

二、判断题

1. 汽车的驱动形式通常用汽车的全部车轮数乘以驱动轮数表示，还可以用全部车桥数乘以驱动桥数表示。　　　　　　　　　　　　　　　　　　　　　　（　）
2. 前轮驱动大多应用于中、小型轿车。　　　　　　　　　　　　　　　（　）
3. 越野汽车一般都采用四轮驱动。　　　　　　　　　　　　　　　　　（　）
4. 发动机前置、前桥驱动的汽车下坡高速行驶时，易发生翻车事故。　　（　）
5. 发动机前置、后轮驱动的传动系统在货车中应用广泛。　　　　　　　（　）

三、问答题

1. 汽车传动系统的作用是什么？主要有哪些类型？
2. 简述汽车传动系统的主要布置形式。
3. 简述发动机前置前轮驱动的优点与不足。

项目二

离合器的构造与检修

【案例引入】

一辆捷达轿车在起步时感觉比较迟缓，爬坡时发动机转速升高，但是车辆行驶无力，有时能闻到焦煳气味。

【学习目标】

1. 理解离合器的作用、分类。
2. 明白摩擦式离合器的组成和工作原理。
3. 会用检测设备和工具拆装、检调各类离合器。
4. 能分析并排除离合器相关故障。

【知识准备】

一、离合器的作用、分类与要求

1. 离合器的作用

离合器是传动系统中直接与发动机相联系的总成，离合器的输出轴就是变速器的输入轴，汽车由起步进入正常行驶、变速、制动直至停车的整个行驶过程中，离合器经常发挥作用，驾驶人根据需要，通过离合器使发动机与变速器暂时地分离或逐渐接合，以切断或接通发动机输往传动系统的动力。为此，离合器必须具有如下作用：

（1）保证汽车起步平稳　在汽车起步前，先起动发动机，此时变速器应处于空档位置，中断发动机与驱动轮间的联系。待发动机起动并正常怠速运转后，方可将变速器挂上一定档位，使汽车起步。起步时汽车是从静止状态逐渐进入行驶过程的，其速度从零开始逐渐增大。如果发动机与传动系统是刚性连接，则变速器一挂上档，汽车就会突然向前冲，而不能起步。这是因为汽车从静止到前冲，会产生很大的惯性力，从而对发动机形成很大的阻力矩，使发动机转速在瞬间急剧下降，以致熄火而不能工作。

若在传动系统中装设了离合器，在发动机起动后、汽车起步前，驾驶人通过踏板将离合器分离，使发动机与传动系统脱开，再将变速器挂上档位，然后使离合器逐渐接合。在接合过程中，来自驱动轮并传到发动机的阻力矩逐渐增加，为使发动机的转速不致下降，应同时加大节气门开度，增加对发动机的燃油供给量，使发动机的转速始终保持在最低稳定转速以上，而不致熄火。随着离合器接合程度逐渐增大，发动机经传动系统输给驱动轮的转矩也逐渐增加，到驱动力足以克服汽车起步阻力时，汽车从静止状态开始运动，并逐渐加速，从而保证汽车平稳起步。

（2）保证换档工作平顺　在汽车行驶过程中，为了适应不断变化的行驶状况，变速器需要经常换用不同档位工作。换档前必须将离合器分离，使发动机与变速器暂时脱开，中断动力传递，便于使原档位的啮合齿轮副脱开，并有可能使新选档位齿轮副啮合部位的圆周速度逐渐相等（同步），以减轻其啮合时的冲击并顺利进入啮合。换档完毕后，再使离合器逐渐接合，保证变速器换档时工作平顺。

（3）防止传动系统过载　当汽车紧急制动时，驱动轮突然减速，如果没有离合器，则发动机将因与传动系统刚性连接而转速急剧降低，发动机和传动系统中的运动件会产生很大的惯性力矩（其数值可能大大超过发动机正常工况下所发出的最大转矩），使传动系统过载而造成机件损坏。有了离合器，即使在紧急制动时驾驶人来不及分开离合器，也会由于离合器的主、从动部分间的摩擦，只能传递一定大小的转矩，当惯性力矩超过此数值时，离合器将打滑，从而消除了传动系统过载的可能性。

为使离合器具有上述作用，其结构应保证能使其主动部分与从动部分暂时分离，又能逐渐接合，并且在传递转矩过程中具有相对转动的可能性。因此，离合器的主动与从动元件之间不采用刚性连接，而靠接触面间的摩擦来传递转矩，这是目前汽车传动系统中应用最广泛的离合器，即摩擦式离合器。

2. 离合器的分类

离合器类型较多，按传递力矩方式的不同可分为摩擦式、液压式和电磁式。

（1）摩擦式离合器　摩擦式离合器的主、从动元件之间利用摩擦力来传递转矩。其按从动盘的数目可分为单盘式、双盘式和多盘式；按压紧弹簧的形式又可分为中央弹簧式、周布弹簧式、膜片弹簧式和斜置弹簧式。

（2）液压离合器　液压离合器的主、从动元件之间利用液体介质来传递转矩。这种形式常用于高级轿车、大型公共汽车和货车。

（3）电磁离合器　电磁离合器的主、从动元件之间利用电磁力的作用来传递转矩。

3. 对离合器的要求

1）具有合适的储备能力，既能保证传递发动机的最大转矩，又能防止传动系统过载。

2）接合平顺柔和，以保证汽车平稳起步。

3）分离迅速彻底，便于换档和发动机起动。

4）具有良好的散热能力。由于离合器接合过程中，主、从动部分有相对滑转，在使用频繁时会产生大量的热量，如不及时散出，会严重影响其使用寿命和工作的可靠性。

5）操纵轻便，以减轻驾驶人的疲劳。

6）从动部分的转动惯量要小，以减少换档时的冲击。

二、摩擦式离合器的组成和工作原理

1. 摩擦式离合器的基本组成

摩擦式离合器由主动部分、从动部分、压紧机构和操纵机构四部分组成。

如图2-1所示，摩擦式离合器的主动部分由飞轮4、压盘5和离合器盖6组成，离合器盖用螺钉固定于飞轮的后端面，压盘通过传动片与离合器盖相连，可做轴向移动，飞轮与曲轴1固定在一起，只要曲轴旋转，发动机便可通过飞轮、离合器盖带动压盘一起转动。

其从动部分由从动盘3和变速器输入轴2等组成，带有摩擦片17的从动盘安装于压盘与飞轮之间，通过花键套装在变速器输入轴上，变速器输入轴通过轴承18支承于曲轴后端中心孔内。

其压紧机构由若干个压紧弹簧组成，它们安装于压盘与离合器盖之间，沿周向均匀分布，把压盘、飞轮、从动盘相互压紧。

其操纵机构由分离杠杆7、弹簧8、离合器踏板12、分离推杆13、分离推杆叉14、回位弹簧10和15、分离叉11、分离轴承9等组成，分离杠杆中部铰接于离合

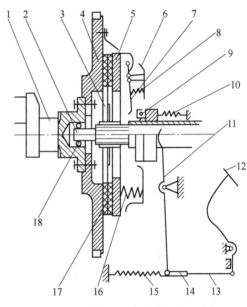

图2-1 摩擦式离合器的基本组成
1—曲轴 2—变速器输入轴 3—从动盘 4—飞轮 5—压盘
6—离合器盖 7—分离杠杆 8—弹簧 9—分离轴承
10、15—回位弹簧 11—分离叉 12—离合器踏板
13—分离推杆 14—分离推杆叉 16—压紧弹簧
17—从动盘摩擦片 18—轴承

器盖的支架上，内端则铰接于压盘上，通过弹簧的作用消除因分离杠杆支承处存在间隙而前后晃动产生的噪声，分离轴承压装在分离套筒上，分离套筒安装在变速器输入轴轴承盖上，分离叉是中部带支点的杠杆，拉动分离叉下端便可通过分离轴承和分离杠杆向后拉动压盘，从而解除压盘对从动盘的压力。

2. 摩擦式离合器的工作原理

（1）离合器接合　当发动机工作时，飞轮带动压盘、离合器盖旋转。在压紧弹簧的作用下，压盘和从动盘被紧压在飞轮上，从而使从动盘接合面与飞轮、压盘产生摩擦力矩，并通过从动盘带动变速器输入轴一起旋转，发动机的动力便传给了变速器。

（2）离合器分离　当驾驶人踩下离合器踏板时，分离轴承前移，压在分离杠杆上，使压盘产生一个向后的拉力，当此拉力大于压紧弹簧的张力时，从动盘与飞轮、压盘分离，发动机则停止向变速器输出动力。

（3）汽车起步　当缓慢放松离合器踏板时，通过联动件作用在压盘上的拉力逐渐减小，在压紧弹簧的作用下，从动盘与飞轮、压盘逐渐接合，其摩擦力矩逐渐增加。当飞轮、压盘和从动盘接合还不紧密，产生的摩擦力矩比较小时，主、从动部分可以不同步旋转，即离合器处于打滑状态；随着飞轮、压盘和从动盘压紧程度的逐渐加大，离合器主、从动部分转速

也渐趋相等,直至离合器完全接合而停止打滑,接合过程即告结束。

3. 离合器的自由间隙和离合器踏板的自由行程

由离合器的工作原理可知,从动盘摩擦片经使用磨损变薄后,在压紧弹簧作用下,压盘要向前(向飞轮方向)移动,分离杠杆内端则要相应地向后移动,由此保证离合器完全接合。如果未磨损前分离杠杆内端和分离轴承之间没有预留一定间隙,则在摩擦片磨损后,分离杠杆内端因抵住分离轴承而不能后移,使分离杠杆外端牵制压盘不能前移,从而不能将从动盘压紧,离合器则难以完全接合,传动时会出现打滑现象。这不仅会降低离合器所能传递的最大转矩,而且会加速摩擦片和分离轴承的磨损。因此,当离合器处于正常接合状态时,在分离杠杆内端与分离轴承之间必须预留一定的间隙,即为离合器的自由间隙。

由于自由间隙的存在,踩下离合器踏板时,首先要消除这一间隙,然后才能开始分离离合器。消除这一间隙所需的离合器踏板行程,称为离合器踏板的自由行程。通过拧动分离推杆叉,改变分离推杆的工作长度,可以调整自由间隙的大小,从而调整离合器踏板的自由行程。

为使离合器分离彻底,须使压盘向后移动足够的距离,这一距离通过一系列杠杆放大,反映到离合器踏板上就是离合器踏板的有效行程。

离合器踏板的自由行程和有效行程之和即为离合器踏板的总行程。

三、膜片弹簧离合器

1. 构造

膜片弹簧离合器的结构如图2-2所示。靠近膜片弹簧5中心的部分开有若干个径向槽,形成多个弹性杠杆,而其余未切槽的截锥部分起弹簧作用。膜片弹簧的两侧有钢丝支承环6和11,膜片弹簧的末端圆孔穿过固定铆钉7而处在两个支承环之间,借助固定铆钉将它们安装在离合器盖1上,两个支承环为膜片弹簧工作的支点。当离合器盖未固定到飞轮13上时,膜片弹簧不受力而处于自由状态,如图2-3a所示,此时离合器盖与飞轮之间有一段距离S。当用螺栓将离合器盖固定到飞轮上时,由于离合器盖靠向飞轮,消除距离S后,离合器盖通过支承环11压膜片弹簧使其产生弹性变形,此时膜片弹簧的外圆周对压盘2产生压紧力而使离合器处于接合状态,如图2-3b所示。当踩下离合器踏板时,分离轴承8被向前推移,使膜片弹簧压在支承环6上,并以此为支点产生反向锥形变形,膜片弹簧的外圆周向后翘起,通过分离钩4拉动压盘后移使离合器分离,如图2-3c所示。

2. 膜片弹簧的弹性特性及其特点

图2-4所示为膜片弹簧和螺旋弹簧的特性曲线。如压盘在正常位置,压盘压力对于两种弹簧来说是相同的,都为F_0。当离合器分离,压盘位于最大分离位置时,对应膜片弹簧的压力为F_2,螺旋弹簧的压力为F_2',$F_2<F_2'$,且$F_2<F_0$,即压盘分离时膜片弹簧的压力小于接合时的压力,因而具有操纵轻便的特点。

当离合器摩擦片磨损至极限时,螺旋弹簧的压力减至F_1',而膜片弹簧的压力为F_1,$F_1 \approx F_0$。因此,膜片弹簧具有自动调节压紧力的特点。

此外,膜片弹簧离合器还具有结构简单、轴向尺寸小,压紧力分布均匀,摩擦片的接触好,磨损均匀,高速压紧力稳定,分离杠杆平整无须调整,维修保养方便等优点。

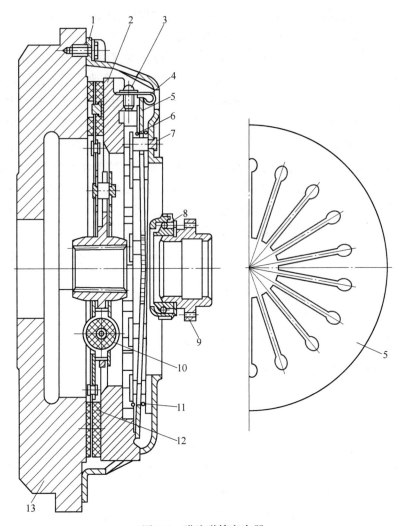

图 2-2 膜片弹簧离合器

1—离合器盖 2—压盘 3—螺钉 4—分离钩 5—膜片弹簧 6、11—钢丝支承环 7—固定铆钉
8—分离轴承 9—分离套筒 10—扭转减振器 12—从动盘 13—飞轮

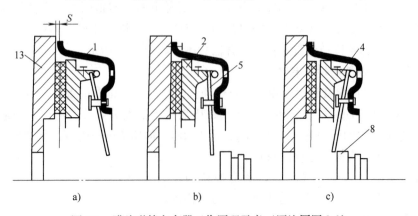

图 2-3 膜片弹簧离合器工作原理示意（图注同图 2-2）

a）安装前位置 b）安装后（接合）位置 c）分离位置

图 2-5 所示为桑塔纳轿车膜片弹簧离合器总成结构，其主要由膜片弹簧、压盘、离合器盖等零部件组成。

膜片弹簧采用优质薄弹簧钢板制成，形状为碟形，凹面进行喷丸处理，其上有 18 个径向切槽，切槽内端开通，外端为圆孔，形成多个弹性杠杆，既是压紧弹簧，又是分离杠杆。压紧机构由压盘、离合器盖、膜片弹簧、支承环、限位螺钉、分离钩和传动片组成。通常情况下，上述各零件组成一个整体。

桑塔纳 2000 型膜片弹簧离合器采用传动片的驱动和定位结构，将三组传动片均匀地分布在离合器中，每组传动片一端与压盘后端面的边缘固定，另一端与离合器盖固定。飞轮旋转时，转矩通过离合器盖、传动片传给压盘；离合器分离时，传动片弯曲。传动片式压盘定位和驱动结构无摩擦和磨损，无传动间隙，传动效率高，冲击噪声小。

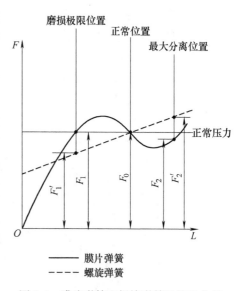

图 2-4 膜片弹簧和螺旋弹簧的特性曲线

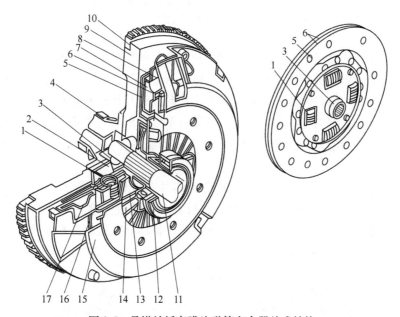

图 2-5 桑塔纳轿车膜片弹簧离合器总成结构
1—减振弹簧 2—阻尼片 3—花键轴套 4—曲轴 5—波形片 6—摩擦片 7—压盘
8—传动片 9—飞轮 10—飞轮齿圈 11—变速器输入轴 12—分离轴承 13—盖板
14—膜片弹簧 15—离合器盖 16—支承环 17—分离钩

3. 扭转减振器

发动机传到传动系统中的转矩是不断地变化的，这就使传动系统中产生扭转振动。如果这一振动的频率与传动系统的自振频率相重合，则会发生共振，这将对传动系统零件寿命产生很大的影响。此外，在不分离离合器的情况下，进行紧急制动或猛烈接合离合器时，传动系统将瞬间遭受极大的冲击，而缩短零件的寿命。为了避免共振，缓和传动系统所受的冲击载荷，在不少汽车传动系统中装设了扭转减振器。有些汽车上将扭转减振器制成单独的部件，但更多的是将扭转减振器附装在离合器从动盘中。带扭转减振器的从动盘如图2-6所示，其从动盘本体与从动盘毂之间是通过减振器来传递转矩的。

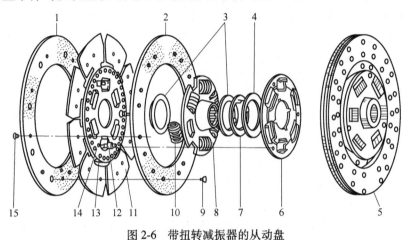

图2-6 带扭转减振器的从动盘
1、2—摩擦片 3—摩擦垫圈 4—碟形垫圈 5—装合后的从动盘总成 6—减振器盘 7—摩擦板 8—从动盘毂
9、13、15—铆钉 10—减振弹簧 11—波浪形弹簧钢片 12—止动销 14—从动盘本体

在这种结构中，从动盘本体、从动盘毂和减振器盘都开有相对应的六个矩形窗孔，在每个窗孔中装有一个减振弹簧，以实现从动盘本体与从动盘毂之间在圆周方向的弹性连接。减振器盘与从动盘本体用铆钉铆成一个整体，并将从动盘毂及其两侧的摩擦垫圈夹在中间，从动盘本体及减振器盘上的窗孔有翻边，使六个弹簧不致脱出。在从动盘毂上开有与铆钉隔套相对的缺口，在缺口与隔套之间留有间隙，允许从动盘本体与从动盘毂之间相对转动一个角度。

从动盘不工作时，如图2-7a所示。从动盘工作时，如图2-7b所示，两侧摩擦片所受的摩擦力矩首先传到从动盘本体和减振器盘上，再经六个弹簧传给从动盘毂。这时弹簧被压缩，借此吸收传动系统所受冲击。传动系统中的扭转振动导致从动盘本体及减振器盘与从动

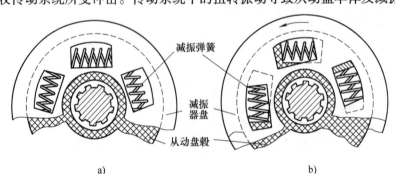

图2-7 扭转减振器工作示意图
a）不工作时 b）工作时

盘毂之间的相对往复摆动，可依靠摩擦垫圈与上述三者之间的摩擦来消耗扭转振动的能量，使扭转振动迅速衰减。

四、离合器操纵机构

离合器操纵机构是驾驶人借以使离合器分离，而后又使之柔和接合的一套机构。它起始于离合器踏板，终止于离合器壳内的分离轴承。

按照分离离合器所需的操纵能源，离合器操纵机构有人力式和助力式两类。前者是以驾驶人作用在离合器踏板上的力作为唯一的操纵能源，后者则是以发动机驱动的空气压缩机作为主要操纵能源，而以驾驶人的作用力作为辅助和后备的操纵能源。人力式操纵机构又可分为机械式和液压式两种。

1. 机械式操纵机构

机械式操纵机构有杆系传动和拉索传动两种形式。

（1）杆系传动操纵机构　杆系传动操纵机构由一组杆系组成，其结构简单、工作可靠，广泛用于各类型汽车上。缺点是杆件间铰接多，摩擦损失大，车架或驾驶室变形时以及发动机产生位移时会影响正常工作。图2-8所示是最简单的杆系传动操纵机构。

（2）拉索传动操纵机构　拉索传动操纵机构可消除杆系传动操纵机构的缺点，且可在一些杆系传动布置比较困难的情况下采用。但摩擦损失仍较大，且寿命较短，此种形式多用于轻型车中。其构造如图2-9所示。

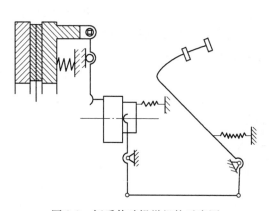

图2-8　杆系传动操纵机构示意图

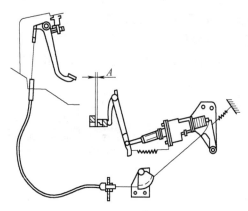

图2-9　拉索传动操纵机构示意图

2. 液压式操纵机构

（1）组成与工作原理　液压式操纵机构一般由主缸、工作缸和管路系统组成，如图2-10所示。基本工作原理是：踩下离合器踏板时，主缸推杆5推动主缸活塞3，使主缸1中的油液压力升高，并通过管路12进入工作缸10推动工作缸活塞9，工作缸活塞再通过工作缸推杆6推动分离叉7使离合器分离。

离合器踏板缓慢抬起过程中，主缸推杆逐渐减小对主缸活塞的压力，使主缸和工作缸的油液压力逐渐下降，工作缸活塞和主缸活塞便在分离叉回位弹簧8和主缸活塞回位弹簧的作用下逐渐退回原位，实现逐渐接合，至完全回到原位时，离合器便处于接合状态。

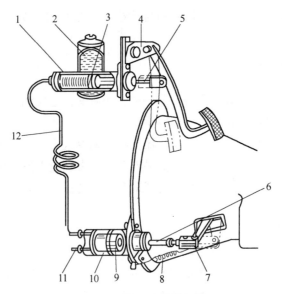

图 2-10 液压式操纵机构

1—主缸 2—储油室 3—主缸活塞 4—踏板支座 5—主缸推杆 6—工作缸推杆 7—分离叉
8—分离叉回位弹簧 9—工作缸活塞 10—工作缸 11—放气塞 12—管路

（2）主缸的构造 主缸的构造如图 2-11 所示。主缸上部是储油室 7，补偿孔 A 和进油孔 B 连通主缸和储油室。活塞 15 中部较细，与主缸间形成环形油室。活塞前后端分别装有主缸皮碗 17 和主缸密封圈 14。活塞顶部有沿圆周均布的六个小孔，回位弹簧 18 将主缸皮碗、活塞垫片 16 压向活塞，盖住六个小孔，形成单向阀，并把活塞推向最右位置。此时主缸皮碗和活塞前部环台位于孔 A 和孔 B 之间，两孔都开放。

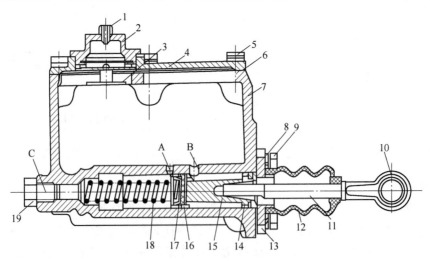

图 2-11 主缸的构造

1—通气孔 2—螺塞 3—挡板 4—盖 5、9—螺钉 6—衬垫 7—储油室 8—垫圈
10—主缸推杆接头 11—主缸推杆 12—防尘罩 13—端盖 14—主缸密封圈 15—活塞
16—活塞垫片 17—主缸皮碗 18—回位弹簧 19—管接头
A—补偿孔 B—进油孔 C—出油孔

当踩下离合器踏板时，主缸推杆11推动活塞左移，当主缸皮碗将孔A关闭后，活塞前方油压升高，液压油通过管路到工作缸推动工作缸活塞工作。

当迅速放松踏板时，回位弹簧使活塞较快右移，由于管路中的阻尼作用，油液回流较迟缓，从而在活塞前方会产生一定真空度。这样在活塞前后液压差的作用下，少量油液即从进油孔B进入环形油室，推开活塞垫片和主缸皮碗形成的单向阀，经六个小孔和被向前压弯的主缸皮碗周围流到前方填补真空。当活塞退回原位后，补偿孔A开放，进入主缸的多余油液便经孔A流回储油室。同理，在温度变化引起系统内油液体积变化时，系统内油液便经补偿孔A得到适当增减，以保证系统工作的可靠性。

(3) 工作缸的构造　工作缸的构造如图2-12所示。工作缸内装有活塞4、皮碗3和活塞限位块2。放气螺钉8用于放净系统内的空气。分离推杆7的长度可调，用于调整分离轴承的自由间隙。

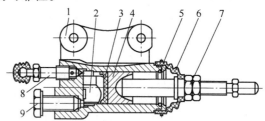

图2-12　工作缸的构造
1—工作缸　2—活塞限位块　3—皮碗　4—活塞　5—挡环
6—护罩　7—分离推杆　8—放气螺钉　9—进油管接头

液压式操纵机构具有摩擦阻力小、传动效率高、质量轻、接合柔和及布置方便等优点，并且不受车身车架变形的影响，因此其应用日益广泛。

五、离合器常见故障的诊断与排除

1. 离合器打滑

(1) 故障现象

1) 汽车起步时，完全放松离合器踏板后，汽车不能起步或起步困难。

2) 汽车行驶中加速时，车速不能随发动机转速的提高而增加，发动机的动力不能完全传给驱动轮，造成行驶无力。

3) 满载上坡时，打滑较明显，严重时发出因摩擦片过热而产生的焦臭味。

(2) 故障原因

1) 离合器踏板自由行程太小或没有自由行程，分离轴承经常压在膜片弹簧上，使压盘处于半分离状态。

2) 膜片弹簧弹力下降。

3) 摩擦片磨损过甚、表面硬化、沾有油污或铆钉外露。

4) 离合器与飞轮连接螺栓松动。

5) 分离杠杆调整不当。

(3) 故障的诊断与排除

1) 起动发动机，拉紧驻车制动器，挂上低速档，缓慢放松离合器踏板并踩下加速踏板，若车身不动，但发动机继续转动而不熄火，则说明离合器打滑。

2) 检查离合器踏板的自由行程，如无自由行程，但能完全抬起，则可调整分离推杆长度，若无效，应检查分离杠杆是否调整过高。

3) 若自由行程正常，可检查分离轴承与套筒有无卡滞现象及离合器盖的固定螺栓是否松动等。如上述均好，可检查摩擦片是否磨损过薄、有油污、硬化或铆钉外露，若有则应更换或清洗。

4）分离离合器，检查弹簧（或膜片）弹力，若弹力过小应予以更换。

5）调整分离杠杆的高度。调整时，一人在车上缓踩离合器踏板，一人在车下观察分离杠杆端部与分离轴承的接触情况，并对分离杠杆端部与分离轴承的间隙进行调整。

2. 离合器分离不彻底

（1）故障现象

1）汽车起步时，将离合器踏板踩到底仍感到挂档困难；或虽然强行挂上档，但不抬离合器踏板汽车就向前行驶；或造成发动机熄火。

2）行驶中换档困难，并伴有变速器齿轮撞击声。

（2）故障原因

1）离合器踏板自由行程过大。

2）摩擦片翘曲、铆钉松动或摩擦片破碎。

3）膜片弹簧分离指端磨损不在同一平面上。

4）从动盘毂花键与变速器输入轴花键磨损过甚或锈蚀发卡，影响从动盘的移动。

5）更换的摩擦片过厚。

6）从动盘正反面装反。

7）离合器液压式操纵机构中油管内有空气。

（3）故障的诊断与排除

1）检查并调整离合器踏板的自由行程。

2）对于液压式操纵机构，应检查系统是否漏油，检查主缸、工作缸工作行程及推杆工作行程，并为系统放气。

3）检查分离杠杆是否在同一平面内，支承螺栓是否松动。

4）若经上述检查调整仍无效，则应分解离合器，检查各总成部件，必要时应更换；若从动盘装反，应重新组装。

3. 离合器异响

（1）故障现象　在使用离合器时，发出不正常响声，一种是在踩下离合器踏板时发响，另一种是在放松离合器踏板时发响。

（2）故障原因分析

1）分离轴承缺油或磨损松旷而发出响声。

2）离合器踏板回位弹簧或分离轴承回位弹簧过软、折断或脱落。

3）离合器踏板无自由行程。

4）分离杠杆弹簧折断或浮动销孔磨损松旷。

5）从动盘铆钉松动或扭转减振器弹簧折断。

（3）故障的诊断与排除

1）检查操纵机构是否正常，若发动机一起动就有响声，踩下离合器踏板时响声消失，放松踏板时踏板不能彻底回位，则表明踏板回位弹簧过软，应更换；若踏板回位正常，则表明分离套筒回位弹簧折断或脱离，应更换。

2）若稍踩下踏板，分离轴承与膜片弹簧一接触就能听到异响，抬起踏板则响声消失，应拆解离合器，检查分离轴承，必要时进行更换。

3）若摩擦片磨损过甚或扭转减振器弹簧折断，则应更换。

4. 起步时离合器发抖

（1）故障现象　汽车起步时，缓抬离合器踏板并缓踩加速踏板，离合器接合不平稳而使车身明显抖动，不能平稳起步。

（2）故障原因

1）压盘或从动盘翘曲不平或磨损出槽。

2）摩擦片破裂变形、有油污或铆钉外露。

3）弹簧弹力不均。

4）从动盘毂与变速器输入轴花键因锈蚀、积污而不能滑动自如。

5）分离杠杆调整不当，各外端高度不一致，不在同一平面内。

（3）故障的诊断与排除

1）检查分离杠杆外端高度是否在同一平面内，必要时进行调整。

2）分解离合器，检查从动盘摩擦片及压盘是否翘曲、起槽；从动盘毂花键与变速器输入轴花键是否锈蚀、积污，若有应予排除。

项目实施

任务1　离合器的拆装

【任务目标】

1. 知道离合器的结构组成和工作原理。
2. 熟练运用工具进行离合器的拆装。

【任务准备】

整车模型、离合器总成、离合器拆装作业台、常用工具。

【任务实施】

1. 离合器的拆卸

拆卸前应做装配标记，以便装配时辨别，保持原有的平衡状态。分解时应用专用工具压紧拆卸。

1）拆卸离合器时，首先要拆下变速器。

2）在离合器盖与飞轮上做装配记号。

3）用对角线交叉法分次拧松并拆下压盘与飞轮的固定螺栓，取下压盘总成、离合器从动盘。

4）在离合器盖与压盘及膜片弹簧之间做对合标记。

5）拆下膜片弹簧装配螺栓，分离压盘、膜片弹簧与离合器盖。

2. 离合器的装配

离合器的装配应大致按与拆卸相反的顺序进行，但同时还应注意以下几点：

1）离合器盖与压盘及膜片弹簧的对合标记要对齐。
2）各支点和轴承表面以及分离轴承在组装时应涂以锂基润滑脂。
3）离合器从动盘有减振弹簧保持架的一面应朝向压盘方向安装。
4）安装离合器压盘总成时，需用导向定位器或变速器输入轴进行中心定位，使从动盘与压盘同心，便于安装输入轴。
5）压盘须与飞轮接触，才可紧固螺栓，紧固时应按对角线方向逐次拧紧。

任务2 离合器的检修

【任务目标】

熟练运用工具进行离合器的检修。

【任务准备】

离合器总成、常用工具和量具。

【任务实施】

1. 压盘的检查

压盘的常见损伤为：工作面磨损、擦伤、龟裂或翘曲等。当平面度大于0.20mm时，应进行更换。

2. 膜片弹簧的检查

用游标卡尺测量膜片弹簧与分离轴承接合处磨损的深度 h 和宽度 b，如图2-13所示。深度应不大于0.60mm，宽度应不大于5mm，否则应更换。

3. 从动盘的检查

从动盘的常见损伤为：摩擦片磨损变薄或铆钉外露、松动；摩擦片开裂、烧焦、硬化、有油污；从动盘翘曲；从动盘花键槽磨损；扭转减振器弹簧折断等。

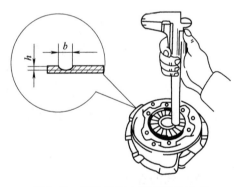

图2-13 膜片弹簧内端磨损的检查

1）用指示表在车床上检查从动盘的轴向圆跳动，如图2-14所示，其轴向圆跳动应小于0.40mm（距边缘2.50mm处测量），否则应更换。

2）用游标深度卡尺检查摩擦片表面铆钉头深度，如图2-15所示，小于0.20mm应更换。

3）摩擦片损伤或扭转减振器弹簧折断应进行更换。

4. 操纵机构的检修

1）检查操纵机构的液压管路是否漏油。如果管路漏油，应仔细清洁表面后，重新接合紧固。注意：清洁时只能使用制动液清洗，而不能使用汽油或其他溶液，以防损坏软管。

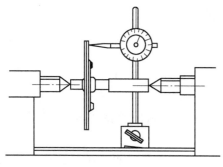
图 2-14 从动盘的检查

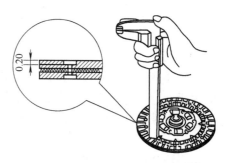
图 2-15 摩擦片磨损程度的检查

2）检查离合器主缸、工作缸是否漏油。如踩下离合器踏板，离合器分离不彻底，可拆下操纵机构总成并分解，用制动液清洁后装复，再试用；若因皮碗或活塞磨损造成漏油，则应更换，并释放空气。

5. 离合器踏板自由行程的检查与调整

离合器踏板自由行程的检查与调整方法如图 2-16 所示。用一个钢直尺抵在驾驶室地板上，先测量踏板完全放松时的高度；然后用手轻按踏板，当感到阻力增大时，表示分离轴承端面已与分离杠杆内端接触，停止按踏板，再测量踏板高度。两次测量的高度差即为踏板的自由行程。测量踏板的自由行程后，应与该车型的技术标准相比较，如果不符合要求，应进行调整。

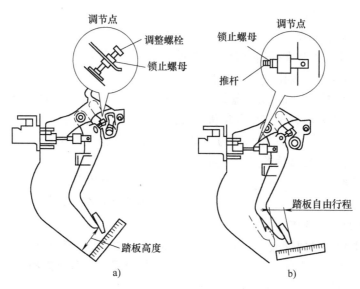
图 2-16 离合器踏板自由行程的检查与调整

离合器踏板的自由行程由两个间隙构成：一个是主缸活塞与补偿孔的距离；另一个是分离轴承与膜片弹簧分离指端的间隙。通过转动主缸、工作缸推杆接头来改变推杆长度，即可改变活塞与补偿孔的距离和分离轴承与膜片弹簧分离指端的间隙。

课 后 习 题

一、填空题

1. 膜片弹簧离合器的膜片弹簧本身兼起_____和_____作用。
2. 由于_____和_____之间存在一定的间隙，驾驶人在踩下离合器踏板后，首先要消除这一间隙，然后才能开始分离离合器，消除这一间隙所需的离合器踏板行程就是_____。
3. 离合器踏板自由行程过大，会产生离合器_____现象；而过小又会产生离合器_____现象。
4. 为避免传动系统产生共振，缓和冲击，在离合器上装有_____。
5. 摩擦式离合器由_____、_____、_____和_____四部分组成。
6. 机械式离合器操纵机构有_____传动和_____传动两种。

二、选择题

1. 离合器的主动部分包括（　　）。
   A. 飞轮　　　　　B. 离合器盖　　　　C. 压盘　　　　　D. 摩擦片
2. 离合器的从动部分包括（　　）。
   A. 离合器盖　　　B. 压盘　　　　　　C. 从动盘　　　　D. 变速器输入轴
3. 离合器分离轴承与分离杠杆之间的间隙是为了（　　）。
   A. 实现离合器踏板的自由行程
   B. 减轻从动盘磨损
   C. 防止热膨胀失效
   D. 保证摩擦片正常磨损后离合器不失效
4. 离合器的从动盘主要由（　　）构成。
   A. 从动盘本体　　B. 从动盘毂　　　　C. 压盘　　　　　D. 摩擦片
5. 当膜片弹簧离合器处于完全分离状态时，膜片弹簧将发生变形，其（　　）。
   A. 锥顶角不变　　B. 锥顶角为180°　　C. 锥顶角为反向锥形
6. 离合器上安装扭转减振器是为了防止（　　）。
   A. 曲轴共振　　　　　　　　　　　　B. 传动系统共振
   C. 离合器共振　　　　　　　　　　　D. 传动轴共振
7. 对离合器的主要要求是（　　）。
   A. 接合柔和，分离彻底　　　　　　　B. 接合柔和，分离柔和
   C. 接合迅速，分离彻底　　　　　　　D. 接合迅速，分离柔和
8. 为了减少换档的冲击，离合器从动部分的转动惯量（　　）。
   A. 要大　　　　　B. 要小　　　　　　C. 无所谓　　　　D. 与主动部分成正比
9. 汽车离合器安装于（　　）。
   A. 发动机与变速器之间　　　　　　　B. 变速器与后驱动轴之间
   C. 带轮与变速器之间　　　　　　　　D. 分动器与变速器之间
10. 汽车离合器的主要作用有（　　）。

A. 保证汽车怠速平稳 B. 使换档时工作平顺
C. 防止传动系统过载 D. 增加变速比

11. 下列不属于汽车离合器部分的是（　　）。
   A. 分离轴承　　B. 曲轴　　C. 带轮　　D. 从动盘

12. 汽车行驶中，离合器踏板处于自由状态时，（　　）。
   A. 发动机的动力不传给变速器　　B. 发动机的动力传给变速器
   C. 离合器分离杠杆受力　　D. 离合器的压盘与从动盘分离

13. 下列说法正确的是（　　）。
   A. 汽车离合器操作要求是分离时要迅速、彻底，接合时要平顺、柔和
   B. 汽车离合器有摩擦式、液力耦合式和带式等几种
   C. 离合器从动盘有带扭转减振器和不带扭转减振器两种结构形式
   D. 离合器压盘的压力越大越好

14. 下列说法正确的是（　　）。
   A. 从动盘本体与摩擦片之间加铆波浪形弹簧钢片的目的是提高接合的柔顺性
   B. 摩擦片要求具有较小的摩擦因数，良好的耐磨性、耐热性和适当的弹性
   C. 离合器从动盘与发动机曲轴相连接
   D. 膜片弹簧离合器中的膜片弹簧起到压紧弹簧和分离杠杆的双重作用

15. 下列说法正确的是（　　）。
   A. 离合器机械式操纵机构有杆系传动和拉索传动两种形式
   B. 液压式离合器操纵机构在大修加油后不用进行排空就可工作
   C. 离合踏板没有自由行程
   D. 带扭转减振器的离合器可避免传动系统的共振

16. 学生 a 说，汽车在紧急制动时，要马上踩住离合器，防止传动系统过载而使发动机的机件损坏；学生 b 说，汽车在紧急制动时，不用踩住离合器，离合器有传动系统过载保护功能。他们说法正确的是（　　）。
   A. 只有学生 a 正确 B. 只有学生 b 正确
   C. 学生 a 和 b 都正确 D. 学生 a 和 b 都错

17. 学生 a 说，离合器踏板需要留一定的自由行程；学生 b 说，离合器踏板不应该留有自由行程。他们说法正确的是（　　）。
   A. 只有学生 a 正确 B. 只有学生 b 正确
   C. 学生 a 和 b 都正确 D. 学生 a 和 b 都错

18. 离合器从动盘本体的外缘部分开有径向窄切槽，目的是（　　）。
   A. 减小从动盘体的转动惯量 B. 增加摩擦力
   C. 增加耐磨力 D. 加强散热

19. 下面关于汽车离合器踏板自由行程的叙述正确的有（　　）。
   A. 自由行程是由于操纵机构长期使用后磨损产生的
   B. 自由行程可以使压盘有足够的空间压紧从动盘，防止离合器打滑
   C. 自由行程是指分离杠杆内端与分离轴承间自由间隙
   D. 自由行程与有效行程之和就是踏板的总行程

20. 车用离合器是利用飞轮、从动盘、压盘三者之间的（　　）来传递转矩的。
    A. 惯性力　　　　B. 摩擦力　　　　C. 轴向力　　　　D. 切向力
21. 下列有关离合器的传动顺序正确的是（　　）。
    A. 飞轮→离合器盖→压盘→从动盘→变速器输入轴
    B. 飞轮→压盘→离合器盖→从动盘→变速器输入轴
    C. 飞轮→从动盘→压盘→变速器输入轴
    D. 飞轮→离合器盖→从动盘→压盘→变速器输入轴
22. 离合器从动盘安装在（　　）上。
    A. 发动机曲轴　　B. 变速器输入轴　　C. 变速器输出轴　　D. 变速器中间轴
23. 膜片弹簧离合器无（　　）。
    A. 压盘　　　　　B. 从动盘　　　　C. 分离杠杆　　　　D. 滑动套管
24. 离合器工作中，需要反复调整的是（　　）。
    A. 压紧机构　　　B. 主动部分　　　C. 从动部分　　　　D. 分离机构
25. 当车辆静止、发动机运转时，若踩下离合器踏板，则离合器总成中的（　　）是静止的。
    A. 压盘　　　　　B. 分离轴承　　　C. 离合器盖　　　　D. 摩擦片
26. 从膜片弹簧弹性曲线可知，当从动盘磨损变薄后，其弹簧的压紧力（　　）。
    A. 变大　　　　　B. 变小　　　　　C. 几乎不变　　　　D. 消失
27. 安装汽车离合器从动盘总成及压盘总成时要用（　　）定位。
    A. 导向轴　　　　B. 飞轮　　　　　C. 从动盘　　　　　D. 压盘
28. 在离合器工作过程中，（　　）允许离合器打滑。
    A. 接合状态下　　B. 分离过程中　　C. 接合过程中　　　D. 全过程
29. （　　）会造成汽车离合器压盘及飞轮表面烧蚀。
    A. 严重打滑　　　B. 分离不彻底　　C. 动平衡被破坏　　D. 踏板自由行程过大
30. 分离杠杆不平将导致离合器（　　）。
    A. 分离不彻底　　B. 接合不完全　　C. 操纵费力　　　　D. 散热差
31. 离合器自由行程过大，会造成离合器（　　）。
    A. 打滑　　　　　B. 分离不彻底　　C. 起步发抖
32. 离合器从动盘磨损后，其踏板自由行程将会（　　）。
    A. 变大　　　　　B. 变小　　　　　C. 不变　　　　　　D. 不一定
33. 汽车离合器踏板自由行程过小或没有行程，将会引起（　　）。
    A. 离合器分离不彻底　　　　　　　B. 离合器发抖
    C. 离合器打滑　　　　　　　　　　D. 离合器异响
34. 离合器分离不彻底所引起的现象有（　　）。
    A. 汽车行驶中加速，车速不能随发动机转速提高而增加
    B. 汽车起步时，离合器接合不平稳而使车身发生振抖
    C. 变速时，挂档困难或挂不上档
    D. 汽车不能起步
35. 汽车起步时，完全放松离合器踏板后，汽车不能起步或起步困难，此故障为（　　）。

A. 离合器分离不彻底　　　　　　　　B. 离合器打滑

C. 离合器发抖　　　　　　　　　　　D. 离合器异响

36. 离合器从动盘翘曲、铆钉松脱或更换的新摩擦片过厚，将会引起（　　）。

　　A. 离合器打滑　　　　　　　　　　B. 离合器发抖

　　C. 离合器分离不彻底　　　　　　　D. 离合器异响

37. 液压式离合器操纵机构漏油或有空气，将会引起（　　）。

　　A. 离合器打滑　　　　　　　　　　B. 离合器分离不彻底

　　C. 离合器异响

38. 离合器中最容易磨损的部件是（　　）。

　　A. 压紧弹簧　　　B. 压盘　　　　C. 从动盘　　　　D. 分离杠杆

39. 膜片弹簧离合器通过（　　）将离合器盖与压盘连接起来。

　　A. 传动销　　　　B. 传动片　　　C. 传动螺栓　　　D. 传动块

40. 由于膜片弹簧的（　　），有利于在提高离合器转矩容量的情况下减小离合器轴向尺寸。

　　A. 轴向尺寸较小而径向尺寸较大

　　B. 轴向尺寸较大而径向尺寸较小

　　C. 轴向尺寸较大而径向尺寸较大

　　D. 轴向尺寸较小而径向尺寸较小

三、判断题

1. 离合器的主、从动部分常处于分离状态。　　　　　　　　　　　　　（　　）
2. 为使离合器接合柔和，驾驶人应逐渐放松离合器踏板。　　　　　　　（　　）
3. 离合器踏板的自由行程过大会造成离合器的传力性能下降。　　　　　（　　）
4. 离合器从动部分的转动惯量应尽可能大。　　　　　　　　　　　　　（　　）
5. 离合器的摩擦片上粘有油污后，可得到润滑。　　　　　　　　　　　（　　）
6. 在紧急制动时，离合器可防止传动系统过载。　　　　　　　　　　　（　　）
7. 在离合器接合情况下，汽车无法切断发动机与传动系统的动力传递。　（　　）
8. 膜片弹簧离合器的特点之一是用膜片弹簧取代压紧弹簧和分离杠杆。　（　　）
9. 离合器接合和分离时，压紧弹簧都处于压缩状态。　　　　　　　　　（　　）
10. 离合器从动盘磨损后，其踏板自由行程会变小。　　　　　　　　　 （　　）
11. 摩擦片沾油或磨损过甚会引起离合器打滑。　　　　　　　　　　　 （　　）
12. 离合器盖与飞轮的固定螺钉在拆卸时，应注意交叉、均匀松开，防止离合器盖变形。

（　　）
13. 离合器从动盘的摩擦片磨损不均匀，可能会导致离合器静平衡被破坏。　（　　）
14. 分离杠杆内端高低不一致将导致离合器分离不彻底，并且汽车在起步时车身发生抖动。

（　　）

四、问答题

1. 汽车传动系统中为什么要装离合器？摩擦式离合器分为哪些类型？

2. 叙述摩擦式离合器的基本组成和工作原理。
3. 什么是离合器踏板的自由行程？为什么要有自由行程？如何检查？
4. 膜片弹簧离合器有何特点？
5. 扭转减振器的作用是什么？
6. 离合器打滑的原因有哪些？
7. 离合器分离不彻底的原因有哪些？

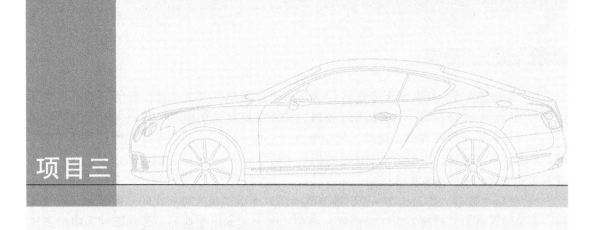

项目三

手动变速器的构造与检修

【案例引入】

某车主反映其车辆的手动变速器从五档减至一档很困难,而且情况越来越糟,并伴有齿轮撞击声。

【学习目标】

1. 知道变速器的作用和类型。
2. 明白手动变速器的变速传动机构及换档操纵机构的结构与工作原理。
3. 能用正确的工具按照维修手册的要求进行变速器的拆装和检测。
4. 能分析并排除变速器相关故障。

【知识准备】

一、变速器的作用和类型

1. 变速器的作用

汽车上广泛采用的活塞式内燃机,其转矩和转速变化范围较小,而复杂的使用条件则要求汽车的驱动力和车速能在相当大的范围内变化。为解决这一矛盾,在传动系统中设置了变速器,它具有如下作用:

(1)实现变速变矩 变速器通过改变传动比扩大驱动轮转矩和转速的变化范围,以适应经常变化的行驶条件,同时使发动机在有利(功率较高而耗油率较低)的工况下工作。

(2)实现倒退行驶 由于发动机是不能反向旋转的,利用变速器的倒档,在发动机旋转方向不变的前提下,使汽车能倒退行驶。

(3)必要时中断动力传递 利用空档中断动力传递,以使发动机能够起动和怠速运转,满足汽车暂时停车或滑行的需要。

2. 变速器的分类

(1)按传动比变化方式分 汽车变速器可分为有级变速器、无级变速器和综合式变速器三种。

1）有级变速器。具有若干个定值传动比的变速器称有级变速器。按所用轮系形式不同，有轴线固定式变速器（普通齿轮变速器）和轴线旋转式变速器（行星齿轮变速器）两种。普通齿轮变速器具有结构简单、易于制造、工作可靠、传动效率高等优点，应用最广泛。目前，轿车和轻、中型货车变速器的传动比通常有3~5个前进档和一个倒档，在重型货车用的变速器中，则有更多档位。

2）无级变速器。传动比在一定的数值范围内可无限多级连续变化的变速器称无级变速器，常见的有电力式和液力式（动液式）两种。电力式无级变速器的传动部件为串励直流电动机，除在无轨电车上应用外，在超重型自卸车传动系统中也有广泛采用的趋势。液力式无级变速器的传动部件是液力变矩器。

3）综合式变速器。由液力变矩器和有级变速器组成的液力机械式变速器称综合式变速器，其传动比可在最大值与最小值之间几个间断的范围内作无级变化，目前应用较多。

（2）按操纵方式不同分　变速器又可分为强制操纵式变速器、自动操纵式变速器和半自动操纵式变速器三种。

1）强制操纵式变速器。靠驾驶人直接操纵变速杆换档的变速器称强制操纵式变速器，为大多数汽车所采用。

2）自动操纵式变速器。传动比选择和换档是自动进行的变速器称自动操纵式变速器。所谓自动是指变速器每个档位的变换是借助反映发动机负荷和车速的信号系统来控制换档系统的执行元件而实现的。驾驶人只需操纵加速踏板以控制车速。

3）半自动操纵式变速器。驾驶人操纵和自动操纵相结合的变速器称半自动操纵式变速器。有两种形式：一种是常用的几个档位自动操纵，其余档位则由驾驶人操纵；另一种是预选式，即驾驶人预先用按钮选定档位，在踩下离合器踏板或松开加速踏板时，接通一个电磁装置或液压装置来进行换档。

二、普通齿轮变速器的工作原理

普通齿轮变速器也叫定轴式变速器，它是由一个外壳和在轴线固定的轴上安装的若干可变换的齿轮副组成，从而可以实现变速、变矩和改变旋转方向。

1. 变速原理

一对齿数不同的齿轮啮合传动时，就可以实现变速。如一对啮合的齿轮，小齿轮的齿数 $z_1=17$，大齿轮的齿数 $z_2=34$，则在相同的时间内，小齿轮转过一圈时，大齿轮只转过半圈，大齿轮转速为小齿轮转速的一半，即两齿轮的转速与齿数成反比。如果小齿轮是主动齿轮，它的转速经大齿轮传出时就降低了。这就是齿轮传动的变速原理。汽车变速器就是根据这一原理，利用若干大小不同的齿轮副传动而实现变速的。

设输入轴和输出轴的转速分别为 n_1 和 n_2，则其传动比为

$$i_{12}=\frac{n_1}{n_2}=\frac{z_2}{z_1}$$

对于前述一对齿轮传动，若小齿轮为主动齿轮，则其传动比为

$$i_{12}=\frac{z_2}{z_1}=\frac{34}{17}=2$$

为使齿轮磨损均匀，实际传动比都不是整数。

图3-1所示为两级齿轮传动示意图，两级传动时，发动机的转矩由输入轴Ⅰ输入，经两对齿轮传动，由输出轴Ⅱ输出。其中第一对齿轮，1为主动齿轮，2为从动齿轮；第二对齿轮，3为主动齿轮，4为从动齿轮。则由图可知

$$i_{12} = \frac{n_1}{n_2} = \frac{z_2}{z_1} \quad \text{所以} \quad n_1 = \frac{z_2}{z_1}n_2$$

$$i_{34} = \frac{n_3}{n_4} = \frac{z_4}{z_3} \quad \text{所以} \quad n_4 = \frac{z_3}{z_4}n_3$$

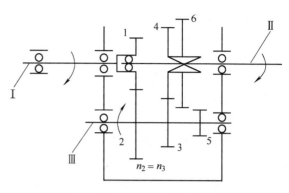

图3-1 两级齿轮传动示意图
1~6—齿轮
Ⅰ—输入轴　Ⅱ—输出轴　Ⅲ—中间轴

齿轮2、3在同一中间轴Ⅲ上，转速相同，即 $n_2 = n_3$，所以总传动比

$$i_{14} = \frac{n_1}{n_4} = \frac{z_2 n_2 z_4}{z_1 n_3 z_3} = \frac{z_2 z_4}{z_1 z_3} = i_{12} i_{34}$$

同理，多级齿轮传动的传动比

$$i = \frac{\text{所有从动齿轮齿数的连乘积}}{\text{所有主动齿轮齿数的连乘积}} = \text{各级齿轮传动比的连乘积}$$

也就是说，汽车变速器某一档位的传动比就是这一档位各级齿轮传动比的连乘积。若不计传动效率，则输出功率 $P_{输出}$ 等于输入功率 $P_{输入}$，即 $P_{输出} = P_{输入}$。

因为
$$P = \frac{2\pi nM}{60}$$

所以
$$M_{输入} n_{输入} = M_{输出} n_{输出}$$

则
$$i = \frac{n_{输入}}{n_{输出}} = \frac{M_{输出}}{M_{输入}}$$

式中　P——功率（W）；

　　　M——转矩（N·m）；

　　　n——转速（r/min）。

从上述分析可知，传动比既是变速比也是变矩比，降速则增矩，增速则降矩。汽车变速器就是利用这一关系，通过改变传动比来适应汽车行驶阻力变化的需要。

2. 换档原理

若将图3-1中的齿轮3与4脱开，改将齿轮6与5啮合，则由 $z_6 > z_4$，$z_5 < z_3$ 可知

$$i_{16} = \frac{z_2 z_6}{z_1 z_5} > \frac{z_2 z_4}{z_1 z_3} = i_{14}$$

普通齿轮变速器就是这样通过改换大小不同的啮合齿轮副，即通过换档来改变其传动比的。

当输出轴上的齿轮4、6都不与中间轴上的齿轮3、5啮合时，则动力不能传到输出轴，这就是变速器的空档。

在变速器中，把传动比 $i>1$ 的档位称为降速档，即变速器输出轴转速低于发动机转速；$i=1$ 的档位称为直接档，即变速器输出轴转速与发动机转速相等；$i<1$ 的档位称为超速档，即变速器输出轴转速超过发动机转速。习惯上把变速器传动比较小的档位称为高档，传动比较大的档位称为低档；由低档向高档变换称为加档（或升档），反之称为减档（或降档）。变速器就是通过档位变换来改变传动比，从而实现多级变速的。

3. 变向原理

由于相啮合的一对齿轮旋转方向相反，所以每经一个齿轮副，其轴便改变一次转向。如图 3-2a 所示，经过两对齿轮（1 和 2、3 和 4）传动时，输出轴Ⅱ与输入轴Ⅰ的转向相同。这就是普通三轴式变速器在汽车前进时的传动情况。若在中间轴与输出轴之间再加第四根轴，并在其上装有惰轮 4，如图

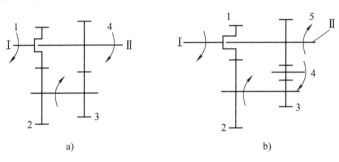

图 3-2 齿轮传动的转向关系
a）前进档 b）倒档
1、2、3、5—变速齿轮 4—惰轮

3-2b 所示，则由于又多了一个齿轮副，从而使输出轴Ⅱ与输入轴Ⅰ转向相反。这就是三轴式变速器在汽车倒车时的传动情况。惰轮 4 称倒档轮，其轴为倒档轴。

三、手动变速器的变速传动机构

变速器包括变速传动机构和换档操纵机构两部分。变速传动机构是变速器的主体，主要由齿轮、轴和壳体等组成。变速传动机构的作用是改变转速、转矩和旋转方向，可分为两轴式和三轴式两种。

1. 两轴式变速传动机构

在发动机前置前轮驱动或发动机后置后轮驱动的汽车上，由于总体结构布置的需要，采用两轴式变速器，其传动机构的特点是输入轴与输出轴平行，无中间轴。发动机前置前轮驱动包括发动机前横置前轮驱动和发动机前纵置前轮驱动两种。

发动机纵置时，主减速器和差速器就布置在离合器和变速器之间，主减速器齿轮为一对锥齿轮，如图 3-3 所示。发动机横置时，由于主减速器的主动齿轮和从动齿轮轴线平行，故采用一对圆柱齿轮传动，如图 3-4 所示。

（1）发动机纵置的两轴式变速器 图 3-5 所示为轿车两轴式五档变速器传动机构示意图，该变速器的变速传动机构有输入和输出两根轴，两轴平行布置，输入轴也是离合器的从动轴，轴出轴也是主减速器的主动锥齿轮轴。该变速器有五个前进档和一个倒档，全部采用锁环式惯性同步器换档。

各档位动力传递情况如下：

1）空档：当输入轴旋转时，一、二、倒档的主动齿轮 6、4、5，三、四档同步器接合套 2，花键毂 18 及五档接合齿圈 9 与之同步旋转。三、四、五档的主动齿轮 3、1、7 处于自由状态，可空转（汽车行驶时随输出轴的旋转而转动）。一、二档的从动齿轮 11、14 随输入轴的旋转而在输出轴上空转，输出轴不被驱动，没有动力输出。

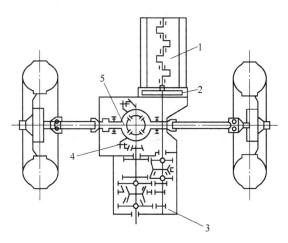

图3-3 发动机纵置的两轴式变速器传动示意图
1—发动机 2—离合器 3—变速器
4—主减速器 5—差速器

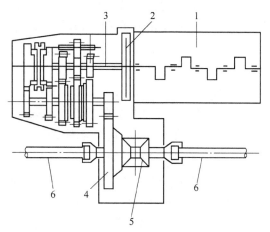

图3-4 发动机横置的两轴式变速器传动示意图
1—发动机 2—离合器 3—变速器 4—主减速器
5—差速器 6—带等速万向节的半轴

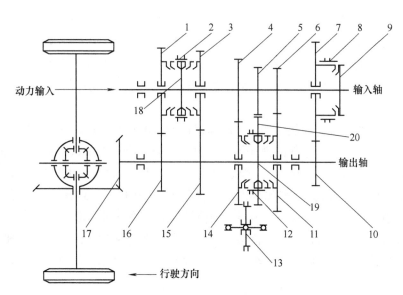

图3-5 轿车两轴式五档变速器传动机构示意图

1、16—四档齿轮 2—三、四档同步器接合套 3、15—三档齿轮 4、14—二档齿轮 5、13、20—倒档齿轮
6、11—一档齿轮 7、10—五档齿轮 8—五档同步器接合套 9—五档接合齿圈
12—一、二档同步器接合套 17—主减速器主动锥齿轮 18、19—同步器花键毂

2）一档：在空档位置的基础上，操纵变速杆，通过一、二档拨叉使同步器接合套12右移，与一档从动齿轮11的接合齿圈接合，使其在同步器的作用下与输出轴同步旋转。这样，从离合器传来的发动机转矩，经输入轴上的一档主动齿轮6及与其常啮合的从动齿轮11的接合齿圈、同步器接合套12、花键毂19传给输出轴，直至传给主减速器主动锥齿轮17。一档传动比为：$i_1 = z_{11}/z_6 = 38/11 = 3.455$。

3) 二档：在空档位置的基础上，操纵变速杆，通过一、二档拨叉使同步器接合套 12 左移，与二档从动齿轮 14 的接合齿圈接合，使其在同步器的作用下与输出轴同步旋转。这样，从离合器传来的发动机转矩，经输入轴上的二档主动齿轮 4 及与其常啮合的从动齿轮 14 的接合齿圈、同步器接合套 12、花键毂 19 传给输出轴，直至传给主减速器主动锥齿轮 17。二档传动比为：$i_2 = z_{14}/z_4 = 35/18 = 1.944$。

4) 三档：在空档位置的基础上，操纵变速杆，通过三、四档拨叉使同步器接合套 2 右移，与三档主动齿轮 3 的接合齿圈接合，使其在同步器的作用下与输入轴同步旋转。这样，从离合器传来的发动机转矩，经输入轴上的三、四档同步器花键毂 18、接合套 2 及三档主动齿轮 3，通过三档从动齿轮 15 传到输出轴，直至传给主减速器主动锥齿轮 17。三档传动比为：$i_3 = z_{15}/z_3 = 36/28 = 1.286$。

5) 四档：在空档位置的基础上，操纵变速杆，通过三、四档拨叉使同步器接合套 2 左移，与四档主动齿轮 1 的接合齿圈接合，使其在同步器的作用下与输入轴同步旋转。这样，从离合器传来的发动机转矩，经输入轴上的三、四档同步器花键毂 18、接合套 2 及四档主动齿轮 1，通过四档从动齿轮 16 传到输出轴，直至传给主减速器主动锥齿轮 17。四档传动比为：$i_4 = z_{16}/z_1 = 31/32 = 0.969$。

6) 五档：在空档位置的基础上，操纵变速杆，通过五档拨叉使同步器接合套 8 右移，与五档接合齿圈 9 接合，使五档主动齿轮 7 与输入轴同步旋转。这样，从离合器传来的发动机转矩，经输入轴上的五档接合齿圈 9、五档同步器接合套 8 及五档主动齿轮 7，通过五档齿轮 10 传到输出轴，直至传给主减速器主动锥齿轮 17。五档传动比为：$i_5 = z_{10}/z_7 = 28/35 = 0.800$。

传动比小于 1 的档位称为超速档，采用超速档的目的是使汽车在良好的路面上获得较高的行驶速度，同时可以降低燃料的消耗等。一般超速档的传动比在 0.7~0.85 之间。

7) 倒档：在空档位置的基础上，操纵变速杆，通过倒档拨叉使倒档中间齿轮 13 轴向移动，与输入轴倒档主动齿轮 5、输出轴倒档从动齿轮 20 相接合。这样，从离合器传来的发动机转矩，经输入轴上的倒档主动齿轮 5、倒档轴上的倒档中间齿轮 13、输出轴上的倒档齿轮 20 及花键毂 19 传到输出轴，直至传给主减速器主动锥齿轮 17。由于在输入轴、输出轴之间增加了一个中间齿轮传动，故汽车能倒向行驶。倒档传动比为：$i_R = z_{20}/z_5 = 38/12 = 3.167$。

(2) 发动机横置的两轴式变速器　图 3-6 所示为一汽宝来轿车五档变速器传动机构示意图，它有五个前进档和一个倒档。

其各档位动力传递路线如下：

1) 一档：操纵变速杆使一、二档同步器左移，发动机动力经一档主动齿轮、一档从动齿轮、一、二档同步器传至输出轴输出，如图 3-7 所示。一档传动比 $i_1 = 33/10 = 3.300$，一档传动比数值较其他档位大，可产生较大的减速增矩效果，有利于汽车起步。

2) 二档：操纵变速杆使一、二档同步器右移，发动机动力经二档主动齿轮、二档从动齿轮、一、二档同步器传至输出轴输出，如图 3-8 所示。二档传动比 $i_2 = 35/18 = 1.944$，仍产生减速增矩效果，但相对于一档车速较快，有利于汽车升速。

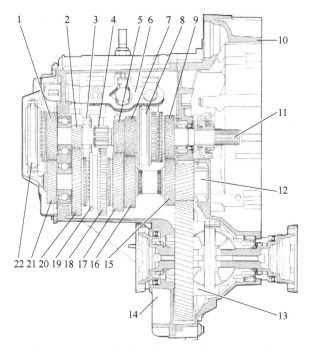

图 3-6 一汽宝来轿车五档变速器传动机构示意图

1、21—五档齿轮 2、20——档齿轮 3、4、18—倒档齿轮 5、17—二档齿轮 6—换档操纵装置
7、16—三档齿轮 8—三、四档同步器 9、15—四档齿轮 10—离合器壳 11—输入轴 12—输出轴
13—差速器 14—变速器壳 19——、二档同步器 22—五档同步器

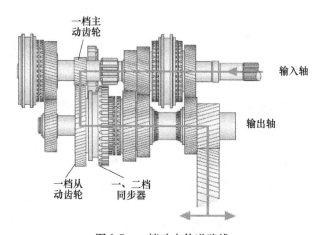

图 3-7 一档动力传递路线

3）三档：操纵变速杆使三、四档同步器左移，发动机动力经三、四同步器、三档主动齿轮、三档从动齿轮传至输出轴输出，如图3-9所示。三档传动比 $i_3 = 34/26 = 1.308$，仍产生减速增矩效果，但相对于二档车速较快，有利于汽车进一步升速。

4）四档：操纵变速杆使三、四档同步器右移，发动机动力经三、四档同步器、四档主动齿轮、四档从动齿轮传至输出轴输出，如图3-10所示。四档传动比 $i_4 = 35/34 = 1.029$，由于四档传动比接近1，所以近似直接档效果。

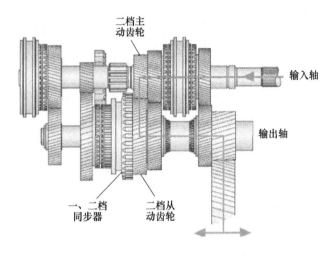

图 3-8 二档动力传递路线

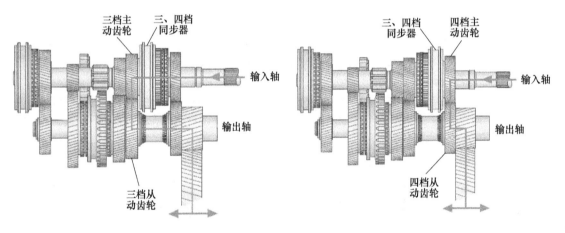

图 3-9 三档动力传递路线　　　　　　图 3-10 四档动力传递路线

5）五档：操纵变速杆使五档同步器右移，发动机动力经五档同步器、五档主动齿轮、五档从动齿轮传至输出轴输出，如图 3-11 所示。五档传动比 $i_5 = 36/43 = 0.837$，由于五档传动比小于 1，所以产生超速效果，输出转速增加，转矩减小。

6）倒档：操纵变速杆使倒档轴上的倒档中间齿轮右移，与处于空档位置的一、二档同步器接合套外壳上的直齿轮和输入轴上的倒档主动齿轮啮合，发动机动力经倒档主动齿轮、倒档中间齿轮、倒档从动齿轮、同步器花键毂传至输出轴输出，如图 3-12 所示。因为相对于其他前进档位多出一个传动齿轮，改变了转向，所以得到反向输出效果。

2. 三轴式变速传动机构

三轴式变速器适用于发动机前置后轮驱动的汽车，不同车型变速器的构造虽各有不同，但变速传动机构都主要由齿轮、轴、壳体和支承等组成。图 3-13 所示为依维柯汽车 28026 型五档变速器传动简图，因它有三根主要的传动轴，第一轴、第二轴和中间轴，故称为三轴式变速器，另外还有倒档轴。

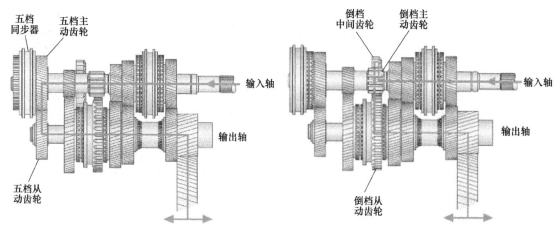

图 3-11 五档动力传递路线　　　　　　图 3-12 倒档动力传递路线

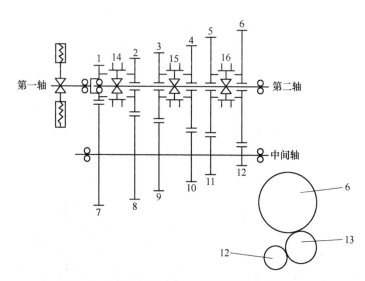

图 3-13 依维柯汽车 28026 型五档变速器传动简图

1—第一轴常啮合齿轮　2—第二轴四档齿轮　3—第二轴三档齿轮　4—第二轴二档齿轮　5—第二轴一档齿轮
6—第二轴倒档齿轮　7—中间轴常啮合齿轮　8—中间轴四档齿轮　9—中间轴三档齿轮　10—中间轴二档齿轮
11—中间轴一档齿轮　12—中间轴倒档齿轮　13—倒档中间齿轮　14—四、五档同步器
15—二、三档同步器　16—一、倒档同步器

各档动力传动情况：

1）空档：发动机旋转时，其动力由第一轴经常啮合齿轮 1 和 7 传至中间轴。第二轴上的同步器 14、15、16 接合套都处于中间位置，第二轴上的齿轮都在中间轴齿轮的带动下空转，动力不能传给第二轴。

2）一档：将一、倒档同步器 16 的接合套向左移动，使之与一档齿轮 5 的接合齿圈相接合，动力便从第一轴依次经过常啮合齿轮 1 和 7、中间轴、一档齿轮 11 和 5 及接合齿圈、同步器 16 的接合套传至花键毂，花键毂通过内花键与第二轴相连，于是动力便由花键毂传递给第二轴，由第二轴对外输出。一档传动比为 6.19。

3) 二档：将二、三档同步器 15 的接合套向右移动，使之与二档齿轮 4 的接合齿圈接合，变速器便挂入二档。此时动力由第一轴依次经常啮合齿轮 1 和 7、中间轴、二档齿轮 10 和 4 及接合齿圈、同步器 15 的接合套传给花键毂，最终传给第二轴输出。二档传动比为 3.89。

4) 三档：将二、三档同步器 15 的接合套向左移动，使之与三档齿轮 3 的接合齿圈接合，变速器便挂入三档。此时动力由第一轴依次经常啮合齿轮 1 和 7、中间轴、三档齿轮 9 和 3 及接合齿圈、同步器 15 的接合套传至花键毂，最终传给第二轴输出。三档传动比为 2.26。

5) 四档：将四、五档同步器 14 的接合套向右移动，使之与四档齿轮 2 的接合齿圈接合，变速器便挂入四档。此时动力由第一轴依次经常啮合齿轮 1 和 7、中间轴、四档齿轮 8 和 2 及接合齿圈、同步器 14 的接合套传至花键毂，最终传给第二轴输出。四档传动比为 1.42。

6) 五档：将四、五档同步器 14 的接合套向左移动，使之与第一轴后端主动齿轮 1 的接合齿圈接合，这时动力则由第一轴依次经过齿轮 1 及接合齿圈、同步器 14 接合套、花键毂传给第二轴。由于动力没有经过中间轴传递，而由第一轴直接传给第二轴，所以称这种档位为直接档，其输出轴的转速与输入轴的转速相同，传动比为 1。

7) 倒档：将一、倒档同步器 16 的接合套向右移动，使之与倒档齿轮 6 的接合齿圈接合，动力便由第一轴依次经过常啮合齿轮 1 和 7、中间轴、倒档齿轮 12 传至倒档中间齿轮 13，再通过与齿轮 13 常啮合的倒档齿轮 6 及接合齿圈、同步器 16 的接合套、花键毂传给第二轴。由于增加了中间惰轮，所以第二轴的旋向与第一轴相反，汽车便可以倒向行驶。倒档的传动比为 5.69。

3. 同步器

（1）同步器的作用　同步器的作用是使接合套与待接合的齿圈之间迅速达到同步，并阻止二者在同步前进入啮合，从而可消除换档时的冲击，缩短换档时间，简化换档过程。

同步器由同步装置（包括推动件和摩擦件）、锁止装置和接合装置三部分组成。

（2）锁环式惯性同步器的构造与工作原理　图 3-14 所示为锁环式惯性同步器的结构。它由同步环、滑块、弹性挡圈、花键毂和接合套等组成。花键毂通常制成内外花键，套装在轴上，轴向用弹性挡圈定位。花键毂上开有三个环槽，三个滑块分别嵌合在这三个轴向环槽中，并可沿槽轴向滑动。在花键毂两端有两个青铜制成的同步环（也称锁环），同步环的内锥面上制有细密的螺旋槽，以使其与接合齿圈锥面相接触后能破坏油膜，增加锥面间的摩

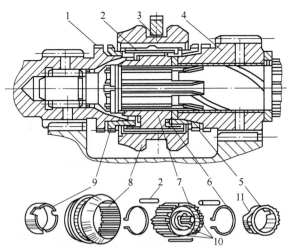

图 3-14　锁环式惯性同步器
1—四档接合齿圈　2—滑块　3—拨叉　4—三档齿轮
5、9—同步环　6—弹性挡圈　7—花键毂　8—接合套
10—三个轴向环槽　11—缺口

擦力。同步环上也开有三个缺口，三个滑块可插入其内。另外，在同步环上还制有短花键齿圈，它的尺寸、齿数和花键毂上的外花键齿相同；且对着接合套一端的短齿都有倒角，与接合套齿端的倒角相同，起锁止作用，故称为锁止角。

图 3-15 所示为锁环式惯性同步器工作过程示意图。变速器由三档换入四档，当接合套从三档退出而进入空档时，接合套与同步环都在惯性作用下以相同的转速旋转。此时，四档接合齿圈的转速大于接合套和同步环的转速（图 3-15a）。

当要挂入四档时，接合套便在拨叉的作用下带动滑块左移。当滑块推动同步环压向四档接合齿圈时，同步环的内锥面与接合齿圈的外锥面产生摩擦力矩，在此力矩作用下，接合齿圈带动同步环旋转，相对接合套超前一个角度，超前角的大小是同步环缺口的一侧靠在滑块一侧所留的间隙，即正好是半个短齿（图 3-15b）。此时，由于四档接合齿圈相对于同步环和接合套作减速旋转，三者转速相同，即达到同步旋转。拨叉作用在接合套上的力继续向左，使接合套上的短齿倒角压在同步环的短齿倒角上，于是在同步环齿端倒角面上作用有压力 F，力 F 可分解为轴向力 F_1 和切向力 F_2。F_1 使同步环锥面更紧地压在四档接合齿圈的锥面上；F_2 使同步环相对接合套倒转一个角度，使两花键齿倒角不再抵触（滑块此时正好在同步环缺口的中间）。同步环的锁止作用消除，于是接合套压下弹簧圈继续左移，从而与同步环的花键齿圈进入啮合（图 3-15c）。当接合套穿过同步环短齿与四档接合齿圈的短齿倒角接触时，作用在短齿倒角上的力同样分解成两个力，一个力使接合套左移，另一个力使接合齿圈相对接合套转过一个角度，从而最终完成接合套与接合齿圈的顺利啮合（图 3-15d）。

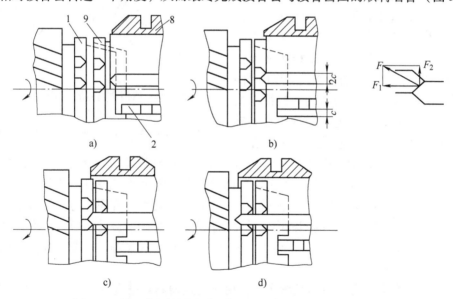

图 3-15　锁环式惯性同步器工作过程示意图（图注同图 3-14）

上述换档过程可简要地归纳为：推动件（滑块）推动摩擦件工作面接触而产生摩擦力矩→同步器转过一个角度→锁止件（同步环）锁止面起锁止作用，阻止接合套前进（即防止同步前进入啮合），摩擦力矩继续增大而迅速同步→惯性力矩消失→同步环连同输入端零件转过一个角度→锁止作用消除→接合套与待接合元件进入接合，从而完成同步换档。

四、手动变速器的换档操纵机构

换档操纵机构应保证驾驶人能准确可靠地使变速器挂入所需要的任一档位工作,并可随时使之推到空档。

1. 操纵机构

换档操纵机构根据变速杆与变速器的相互位置不同,可分为直接操纵式和远距离操纵式两种类型。

(1) 直接操纵机构　这种操纵机构的变速杆及所有换档操纵装置都设置在变速器盖上,变速器布置在驾驶座的附近,变速杆由驾驶室底板伸出,驾驶人可直接操纵变速杆来拨动变速器盖内的换档操纵装置进行换档。这种操纵机构一般由变速杆、拨叉、拨叉轴及安全装置组成,结构简单、操纵方便。大多数轿车的变速器都采用这种操纵形式。

图 3-16 所示为一种四档变速器的直接操纵机构。变速杆 6 的上部为驾驶人直接操纵的部分,伸到驾驶室内,中间通过球节支承在变速器盖顶部的球座内,并用弹簧罩压紧以消除间隙。球节上开有竖槽,固定于变速器盖的销钉伸入该槽内与其间隙配合,从而使变速杆只能以球节为支点前后左右摆动,而不能转动。变速杆的下端为一削扁了的球头,一、二档拨叉 3 和三、四档拨叉 2 直接装于拨叉轴上,固定并锁紧;倒档拨叉 5 的中部滑动支承于固定不动的倒档拨叉导向轴 4 上,上端卡在拨叉轴 1 的缺口内。各拨叉的叉口装配在相应档位齿轮的环槽内,拨叉轴的两端支承于变速器盖的座孔中,可在孔中

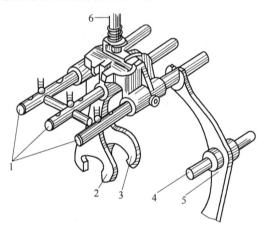

图 3-16　四档变速器的直接操纵机构
1—拨叉轴　2—三、四档拨叉　3—一、二档拨叉
4—倒档拨叉导向轴　5—倒档拨叉　6—变速杆

轴向滑动,以便为拨叉的移动导向。为使变速杆下端能推动拨叉轴,带动拨叉进行换档,在拨叉 2、3 和装于倒档拨叉导向轴上的拨块顶部或顶部的侧面开有凹槽。当变速器处于空档位置时,各个拨叉轴和拨块都处于中间位置,三者的凹槽相互对齐而连通,变速杆下端的球头正好位于三、四档拨叉顶部的凹槽内,并可以左右摆动伸入两侧的凹槽内。当驾驶人操纵变速杆换档时,将依次通过变速杆下球头、凹槽、拨叉轴、拨叉等,以带动滑动齿轮或接合套轴向移动,实现换档。

(2) 远距离操纵机构　在有些汽车上,由于变速器离驾驶座较远,需要在变速杆与拨叉之间加装一些辅助杠杆或一套传动机构,构成远距离操纵机构,如图 3-17 所示。该操纵机构应有足够的刚性,且各连接间隙不能过大,否则换档时手感不明显。由于布置上的原因,它多用在轿车和轻型汽车上。

2. 定位锁止装置

为保证变速器在任何情况下都能准确、安全、可靠地工作,对变速器操纵机构提出如下要求:为保证变速器不自行脱档或挂档,在操纵机构中应设有自锁装置;为保证变速器不同时挂入两个档位,在操纵机构中应设互锁装置;为防止误挂倒档,在操纵机构中应设有倒档锁。

项目三 手动变速器的构造与检修

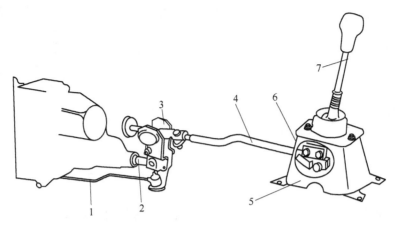

图 3-17 远距离操纵机构
1—支撑杆 2—内变速杆 3—变速杆接合器 4—外变速杆 5—倒档保险挡块 6—换档手柄座 7—变速杆

（1）自锁装置 自锁装置可以对各档拨叉轴进行轴向定位锁止，以防止其自动产生轴向移动而造成自动挂档或自动脱档，并保证各档传动齿轮以全齿长啮合。

自锁装置一般由自锁钢球和自锁弹簧组成，如图 3-18 所示。在变速器盖的前端凸起部钻有三个深孔，孔中装有自锁钢球及自锁弹簧，其位置正处于拨叉轴的正上方。每根拨叉轴对着钢球的表面沿轴向设有三个凹槽，槽的深度小于钢球的半径。中间的凹槽是空档位置，相邻凹槽之间的距离正好等于滑动齿轮（或接合套）由空

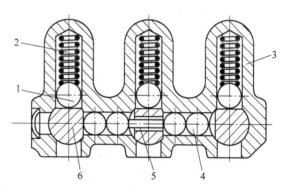

图 3-18 变速器的自锁和互锁装置
1—自锁钢球 2—自锁弹簧 3—变速器盖
4—互锁钢球 5—互锁顶销 6—拨叉轴

档移至相应工作档位并保证齿轮处于全齿长或是完全退出啮合的距离。凹槽对正钢球时，钢球在自锁弹簧压力的作用下嵌入该凹槽内，拨叉轴的轴向位置被固定，其拨叉及相应的接合套或滑动齿轮便被固定在空档位置或某一工作档位置，而不能自行挂档或脱档。当需要换档时，驾驶人通过变速杆对拨叉轴施加一定的轴向力，克服弹簧的压力而将自锁钢球从拨叉轴凹槽中挤出。

（2）互锁装置 互锁装置的作用是阻止两根拨叉轴同时移动，即当拨动一根拨叉轴轴向移动时，其他拨叉轴都被锁止，从而可以防止同时挂入两个档位。互锁装置的结构形式很多，最常用的有锁球式和锁销式。图 3-19 所示为锁球式互锁装置，它由互锁钢球和互锁顶销组成。在变速器盖前三根拨叉轴孔的中心平面内，沿垂直于轴线的方向钻出与拨叉轴孔相通的横向孔道，在每两根拨叉轴之间的孔道中各装有两个互锁钢球，每根拨叉轴朝向互锁钢球的侧面上都制有一个深度相等的凹槽，中间拨叉轴的两侧都有凹槽，凹槽之间钻有通孔，互锁顶销就装在此孔中。两个互锁钢球的直径之和正好等于相邻拨叉轴圆柱表面之间的距离加上一个凹槽的深度，互锁顶销的长度则等于拨叉轴的直径减去一个凹槽的深度。

当变速器处于空档位置时，所有拨叉轴侧面的凹槽同钢球都在一条直线上，此时拨叉轴和互锁钢球及互锁顶销都处于自由状态，相互之间不卡紧，每一根拨叉轴都可以沿轴向拨

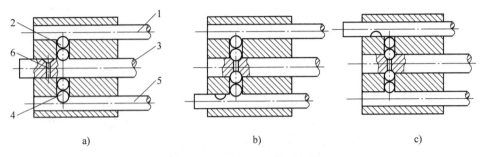

图 3-19 互锁装置工作示意图
1、3、5—拨叉轴　2、4—互锁钢球　6—互锁顶销

动。但要挂档移动某一根拨叉轴时，如图 3-19a 所示，为移动中间拨叉轴 3，中间拨叉轴 3 两侧的钢球便从其侧面凹槽中被挤出，而两外侧互锁钢球 2 和 4 则分别嵌入拨叉轴 1 和 5 侧面的凹槽中，因而将拨叉轴 1 和 5 刚性地锁止在空档位置，不能轴向移动。如果要移动拨叉轴 5，则必须先将拨叉轴 3 退回到空档位置，如图 3-19b 所示，使拨叉轴及互锁钢球都回到自由状态，然后再拨动拨叉轴 5，这时钢球 4 便从拨叉轴 5 的凹槽中被挤出，于是四个互锁钢球及互锁顶销将拨叉轴 3 和 1 都锁止在空档位置；同理，当移动拨叉轴 1 时，拨叉轴 3 和 5 都锁止在空档位置，如图 3-19c 所示，因而可防止同时挂入两个档位。

（3）倒档锁　倒档锁要求驾驶人必须用与挂前进档不同的操作方式或对变速杆施加更大的力，才能挂入倒档，从而防止误挂倒档。倒档锁也有多种类型，最常用的是弹簧锁销式倒档锁，如图 3-20 所示。

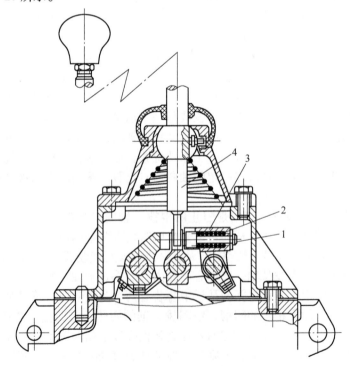

图 3-20　弹簧锁销式倒档锁
1—倒档锁销　2—倒档锁弹簧　3—倒档拨块　4—变速杆

倒档锁销 1 及倒档锁弹簧 2 安装在倒档拨块 3 相应的孔中，倒档锁销内端与倒档拨块的侧面平齐，倒档锁销可以在变速杆下端球头推压下，压缩倒档锁弹簧而轴向移动。当驾驶人要挂倒档时，必须有意识地用较大的力向侧面摆动变速杆，使其下端球头右移，克服倒档锁弹簧的张力将锁销推入孔中，这样才能使变速杆下端球头进入倒档拨块的凹槽内，以拨动一档、倒档拨叉轴进行挂档。

五、变速器常见故障的诊断与排除

1. 变速器异响

（1）故障现象　变速器工作时，发出不正常的声响，如金属的干摩擦声，不均匀的碰撞声等。

（2）故障原因

1）轴承发响。轴承缺油、磨损松旷、疲劳剥落及轴承滚动体破裂等造成的轴承发响。

2）齿轮发响。齿轮磨损严重、齿侧间隙过大、齿面疲劳剥落或个别齿损坏折断，齿轮制造精度误差或齿轮副不匹配，维修中未成对更换相啮合的齿轮，齿轮与轴或轴上的花键配合松旷，安装齿轮的轴弯曲等，都会造成齿轮发响。

3）操纵机构发响。操纵机构各连接处松动、拨叉变形或磨损松旷等造成操纵机构发响。

4）其他原因的发响。如变速器缺油，润滑油过稀或质量变坏；安装变速器与发动机时，曲轴与变速器输入轴不同心，或变速器壳体变形造成变速器轴线间的同轴度超限；变速器内掉入异物或某些紧固螺栓松动等。

（3）故障诊断与排除

1）诊断方法：当发动机怠速运转时，使变速杆处于空档位置，检查接合和分离离合器过程中有无异响。如离合器接合时发生异响，离合器分离时异响消失，则说明异响发生在变速器内。也可实车行驶，检查变速器处于变速档位时有无异响。

2）排除方法：如果发动机怠速运转，变速器处于空档时发响，则多为常啮合齿轮响。

如果变速器换入某一档位时响声明显，则应检查该档齿轮和同步器的磨损情况及齿轮啮合情况。

如果变速器各档均有异响，则多为基础件、轴、齿轮、花键磨损使形位误差超限。

如果运转时有金属摩擦声，则多为变速器内润滑油存在问题，应检查油面高度和油的质量。

如果变速器工作时有周期性撞击声，则为齿轮的个别轮齿损坏；如果变速器工作时有间断性异响，则可能为变速器内存在异物。

2. 变速器挂档困难

（1）故障现象　汽车起步挂档或行驶中挂档时，挂不上档并有齿轮撞击声。

（2）故障原因

1）拨叉或拨叉轴磨损、松旷或弯曲。

2）自锁或互锁钢球损伤、弹簧过硬等。

3）操纵机构松旷、咬死、变形或调整不当。

4）同步器故障。

5）变速器轴弯曲变形或花键损坏。

除变速器故障外，离合器分离不彻底、润滑油规格不符，也会造成挂档困难。

(3) 故障诊断与排除

1）首先检查离合器和操纵机构的工作情况，确认离合器和操纵机构工作正常。

2）拆开变速器盖，检查拨叉、拨叉轴是否弯曲，拨叉的固定螺栓是否松动等。

3）检查自锁和互锁装置是否卡滞，自锁和互锁钢球是否损坏，弹簧是否过硬。

4）检查同步器的磨损或损坏情况。检查同步器是否散架、同步器锥环内锥面螺旋槽是否磨损、滑块是否磨损、弹簧弹力是否过软等。

5）如同步器工作正常，检查变速器输入轴是否弯曲，花键是否损坏等。

3. 变速器跳档

(1) 故障现象　汽车行驶中，变速杆自动跳回空档位置（一般多发生在中、高速负荷时或汽车剧烈振动时）。

(2) 故障原因

1）操纵机构没有调整好或变形松旷、控制杆件磨损等，使齿轮在齿长方向啮合不足。

2）变速器齿轮或接合套磨损过量，沿齿长方向磨成锥形。

3）变速器拨叉轴凹槽及自锁钢球磨损，自锁弹簧过软或折断，使自锁装置失效。

4）变速器轴与轴承磨损松旷或轴向间隙过大，变速器壳松动或与离合器壳没对准，造成轴转动时齿轮啮合不足而发生跳动和轴向窜动。

(3) 故障诊断与排除

1）发现某档跳档时，仍将变速杆挂入该档，将发动机熄火。先检查操纵机构的调整是否正确，然后拆开变速器盖检查齿轮啮合情况。如果啮合不好，则应检查轴承是否磨损松旷，拨叉是否变形，拨叉与接合套上的叉槽的间隙是否过大。如果啮合良好，则应检查操纵机构的锁止情况。如锁止不良，则检查自锁钢球、弹簧或拨叉轴凹槽。

2）如果齿轮啮合和操纵机构均良好，则应检查齿轮是否磨成锥形、轴承是否松旷，必要时拆下修理或更换。

4. 变速器乱档

(1) 故障现象　汽车起步或行驶中换档时，所挂档位与需要的档位不符，或虽然挂入所需档位但不能退回空档，或一次挂入两个档位。

(2) 故障原因

1）变速杆与变速杆拨动端磨损松旷、损坏。

2）互锁装置中的互锁顶销、互锁钢球磨损过大，失去互锁作用。

3）拨叉轴弯曲及凹槽磨损，不能起定位作用。

(3) 故障诊断与排除

1）若变速杆能任意摆动，且能打圈，则为互锁顶销损坏而失效。

2）若挂档时，变速杆位置稍微偏离一点，就挂入不需要的档位，则为变速杆拨动端工作面磨损过甚。

3）若能同时挂入两个档，则为互锁装置磨损过甚，失去互锁作用。

5. 变速器漏油

(1) 故障现象　变速器壳体外部有油泄漏。

(2) 故障原因

1) 变速器各部分密封衬垫密封不良、油封损坏或放油螺塞松动。

2) 变速器壳体有裂纹。

3) 油面太高或油质不良。

(3) 故障诊断与排除　根据漏油部位来诊断排除。

项目实施

任务　手动变速器的拆装与检修

【任务目标】

1. 明白手动变速器的结构组成和动力传递路线。
2. 熟练运用工具进行手动变速器的拆装和检修。

【任务准备】

整车或汽车底盘、两轴式或三轴式变速器、常用和专用拆装工具与量具、维修手册

【任务实施】

1. 变速器的拆卸（以桑塔纳2000型轿车手动变速器为例进行介绍）

（1）从车上拆卸变速器

1) 拆下蓄电池的搭铁线及离合器拉索，如图3-21所示。

2) 拆下车速里程表的软轴，如图3-22所示。

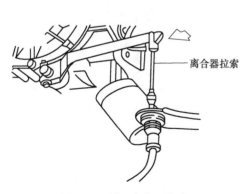

图 3-21　拆下离合器拉索

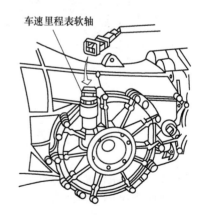

图 3-22　拆下车速里程表软轴

3) 拆下排气管，拆下倒车灯开关的线束插头，拆下发动机与变速器上部连接螺栓。

4) 举升汽车，将传动轴从变速器上拆下并支撑好，如图3-23所示。

5) 旋松变速器操纵机构的内变速杆螺栓，依次拆下离合器盖板、起动机、发动机中间支架。

6）拆下变速器减振垫和减振垫支架，如图3-24所示。

7）拆下发动机与变速器下部连接螺栓，使用杠杆将变速器和发动机分开，并拆卸变速器。

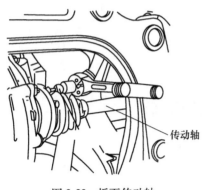

图3-23 拆下传动轴

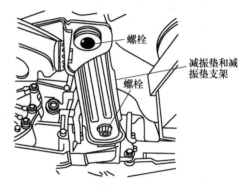

图3-24 拆下减振垫和减振垫支架

（2）变速器的解体

1）清洗变速器外表面，将其固定在修理架上，放出润滑油，拆下变速器后盖。

2）拆卸一、二档锁销，接着把拨叉向左转动，挂入二档，拉下拨叉轴。

3）拆下五档拨叉轴及五档同步器和五档齿轮组件，如图3-25所示。

4）锁住输入轴，取下输出轴五档齿轮紧固螺母，拆下五档齿轮，如图3-26所示。

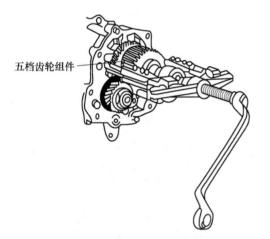

图3-25 拆下五档拨叉轴及五档同步器和五档齿轮组件

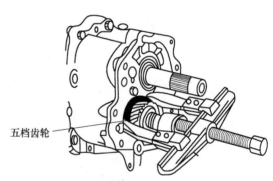

图3-26 拆下五档齿轮

5）取下三、四档锁销和拨叉轴。拆下倒档自锁装置和倒档拨叉轴。

6）拆下输入轴和输出轴组件，如图3-27所示。取出倒档轴和齿轮、倒档传动臂。

7）拆卸拨叉轴自锁和互锁装置，如图3-28所示。

8）拆下从动齿轮的轴承盖螺栓，取下盖子，取出主减速器和差速器总成，如图3-29所示。

项目三 手动变速器的构造与检修

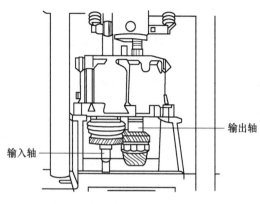

图3-27 拆下输入轴和输出轴组件

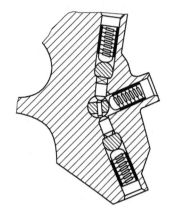

图3-28 拆卸拨叉轴自锁和互锁装置

9）分解变速器输入轴。
10）分解变速器输出轴。

2. 变速器的检修

（1）变速器齿轮的检修　变速器齿轮常见的损伤形式有以下几种：

1）轮齿磨损。变速器齿轮在正常的工作条件下，齿面呈现出均匀的磨损，要求沿齿长方向磨损不超过原齿长的30%（在齿高2/3处测量）；齿厚磨损不超过0.40mm；齿轮啮合面积不低于齿面的2/3；运转齿轮啮合间隙一般应为0.15～0.26mm，使用极限为0.80mm；接合齿轮啮合间隙应为0.10～0.15mm，使用极限为0.60mm。可以用指示表或压金属丝法测量。如果超过极限，应成对更换。

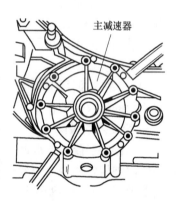

图3-29 拆下主减速器

2）轮齿破碎。轮齿破碎主要由齿轮啮合间隙不符合要求、轮齿啮合部位不当或工作中受到较大的冲击载荷所致。若轮齿边缘有不大于2mm的微小破碎，可用油石修磨后继续使用；若超过这个范围或有三处以上微小破碎，则应成对更换。

3）常啮合齿轮端面磨损。常啮合齿轮端面应有0.10～0.30mm的轴向间隙，以保证齿轮良好运转。若齿端磨损起槽，可磨削修复，但磨削量应不超过0.50mm。

（2）变速器壳体的检修　变速器壳体是变速器总成的基础件，用以保证变速器中各零件的正确位置。其常见的损伤有轴承座孔磨损、壳体螺纹孔损伤等。

1）轴承座孔的修复。壳体的轴承座孔磨损会破坏其与轴承的装配关系，直接影响变速器输入轴、输出轴的相对位置。轴承与座孔的配合间隙应为0～0.03mm，最大使用极限为0.10mm。超限则应更换壳体或对轴承座孔进行镶套修复。

2）壳体螺纹孔的修复。注油螺塞孔、放油螺塞孔的螺纹损伤以及壳体之间连接螺栓螺纹孔的损伤，可采用镶螺塞修复。

（3）变速器轴的检修　变速器轴常见的损伤有：

1）轴颈磨损。轴颈磨损过大，会使齿轮轴线偏移，从而改变齿轮啮合间隙，造成传动时发出噪声。要求滚子轴承所在过盈配合处轴颈磨损不大于0.02mm；滚针轴承配合处轴颈磨损不大于0.07mm，否则应更换或镀铬修复。

2）键齿磨损。当键齿磨损超过0.25mm或与原键槽配合间隙超过0.40mm，齿轮的接合齿圈、接合套与键齿轴配合间隙大于0.30mm，半圆键与轴颈键槽间隙超过0.08mm时，应对键齿轴或有键槽的轴进行修复或更换。

3）变速器轴弯曲。用顶针顶住变速器轴两端的顶针孔，利用指示表检查轴的径向圆跳动，其偏差应小于0.10mm。超过应进行压力校正修复。

（4）同步器的检修

1）锁环式惯性同步器的检修。

①同步环锥面角的检测。同步环的锥面角为6°~7.5°，在使用中，锥面角变形增大将导致不能迅速同步，应及时更换。

②同步环缺口与滑块的配合。同步器在未取得完全同步之前，同步环花键齿与接合套齿端锁止面正常接触时，滑块紧靠同步环缺口的一侧，在另一侧滑块与缺口的间隙应为同步环齿厚的1/2，也就是1/4齿距。否则将破坏相关齿的对准作用，引起换档困难。

③被同步的齿轮与同步器花键毂应有0.15~0.20mm的止推间隙，过紧或过松都将引起同步不良的故障。

2）锁销式惯性同步器的检修。锁销式惯性同步器的主要损伤为锥环、锥盘磨损，当锥环斜面上的螺纹槽磨损至0.10mm时，应更换。

3. 变速器的装配

变速器的装配可按拆卸的相反顺序进行，具体可按下列顺序进行装合：输入轴齿轮的装合→输出轴齿轮的装合→变速器轴承支座的装合→变速器后盖的装合→变速器整体的装合→变速器上车的装合→变速器操纵机构的装合。

4. 变速器操纵机构的检查与调整

（1）变速器操纵机构的检查　检查各档齿轮啮合是否平顺，具体步骤如下：

1）挂入一档，将变速杆向左推至缓冲垫，然后将其缓慢松开，变速杆朝右返回，检查返回行程是否为5~10mm。

2）挂入五档，将变速杆向右推至缓冲垫，然后将其缓慢松开，变速杆朝左返回，检查返回行程是否为5~10mm。

（2）变速器操纵机构的调整　如果返回行程不等或行程达不到5~10mm，则需调整操纵机构，调整的具体步骤如下：

1）将变速杆移至死点的位置，旋松夹箍的螺母（图3-30），移动变速杆，要求变速杆在连接时自由滑动。

2）取下变速杆手柄和防尘罩，将变速杆支架孔与变速杆罩壳的孔对准（图3-31），并旋紧螺栓。

3）在变速杆支架前孔中嵌入一物（图3-32），并将变速杆放在最右位置上。轻轻地旋紧下面的螺栓，将嵌入物固定好。

4）将变速杆放在最右边，靠至缓冲垫，旋紧定位螺栓（图3-33）

5）将变速杆放在中间位置，并用20N·m的力矩旋紧夹箍螺母。

6）然后重复检查步骤，如果未达到要求，可继续移动变速杆支架上的椭圆形孔来修正。

7）最后挂入所有的档位，特别要注意倒档的锁止功能。

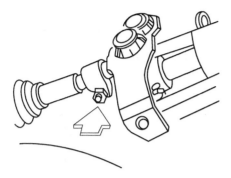

图 3-30　旋松夹箍螺母

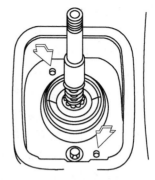

图 3-31　对准孔

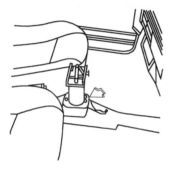

图 3-32　变速杆支架嵌物

图 3-33　变速杆靠至右边

课 后 习 题

一、填空题

1. 变速器由_____和_____两大部分组成。变速器按传动比变化方式可分为_____、_____和_____三种。

2. 同步器的作用是使接合套与_____之间迅速达到_____，并阻止二者在同步前进入_____，从而消除换档冲击。同步器由_____（包括推动件和摩擦件）、_____和_____三部分组成。

3. 手动变速器操纵机构中三大锁止装置是指_____、_____和_____，其中可以防止自动挂档和脱档的是_____；变速器能同时挂上两个档位，说明变速器的_____失效。

4. 普通齿轮变速器是利用不同齿数的齿轮啮合传动来实现_____和_____的改变，当小齿轮带动大齿轮转动时，输出转速_____，转矩_____，传动比_____1。

5. 变速器按操纵方式分为_____、_____和_____。

6. 换档操纵机构按照变速杆位置的不同，可分为_____和_____。

二、选择题

1. 三轴式变速器的传动轴包括（　　）。
   A. 第一轴　　　　　B. 第二轴　　　　　C. 中间轴　　　　　D. 倒档轴
2. 两轴式变速器的特点是输入轴与输出轴（　　），且无中间轴。
   A. 重合　　　　　　B. 垂直　　　　　　C. 平行　　　　　　D. 斜交
3. 对于五档变速器而言，传动比最大的前进档是（　　）。
   A. 一档　　　　　　B. 二档　　　　　　C. 四档　　　　　　D. 五档
4. 下面各档传动比中最有可能是倒档传动比的是（　　）。
   A. $i=2.4$　　　　B. $i=1$　　　　　C. $i=1.8$　　　　D. $i=3.6$
5. 两轴式变速器适用于（　　）的布置形式。
   A. 发动机前置前轮驱动　　　　　　　　B. 发动机前置全轮驱动
   C. 发动机后置后轮驱动　　　　　　　　D. 发动机前置后轮驱动
6. 锁环式惯性同步器加速同步过程的主要原因是（　　）。
   A. 作用在锁环上的推力　　　　　　　　B. 惯性力
   C. 摩擦力　　　　　　　　　　　　　　D. 以上各因素综合
7. 保证工作齿轮在全齿宽上啮合的是（　　）。
   A. 自锁装置　　　　B. 互锁装置　　　　C. 倒档锁　　　　　D. 差速锁
8. 变速器的操纵机构由（　　）等构成。
   A. 变速杆　　　　　B. 拨叉　　　　　　C. 拨叉轴　　　　　D. 安全装置
9. 当发动机工作、离合器接合时，变速器的输入轴（　　）。
   A. 不转动　　　　　B. 与发送机曲轴转速相同
   C. 与发动机曲轴转速不同
10. 变速器互锁装置的主要作用是（　　）。
    A. 防止变速器乱档　　B. 防止变速器跳档　　C. 防止变速器误挂倒档
11. 在变速器互锁装置中，中间轴上互锁销的长度等于（　　）。
    A. 拨叉轴直径　　　　B. 拨叉轴直径加上一个互锁凹槽的深度
    C. 拨叉轴直径加上一个互锁凹槽的深度
12. 同步是指与待啮合齿轮的（　　）。
    A. 转速相同　　　　B. 角速度相同　　　C. 圆周速度相同　　D. 速度相同
13. 直接档传动比（　　）。
    A. >1　　　　　　　B. <1　　　　　　　C. =1　　　　　　　D. 随转速而定
14. 一般超速档的传动比范围在（　　）之间。
    A. 0.75~0.85　　　B. 0.70~0.80　　　C. 0.75~0.80　　　D. 0.70~0.85
15. 为了防止换档时同时挂上两个档，在变速器内设置了（　　）。
    A. 自锁装置　　　　B. 互锁装置　　　　C. 倒档锁装置
16. 变速器的传动比 $i<1$ 时，变速器的传动为（　　）。
    A. 增速降矩传动　　B. 降速增矩传动　　C. 等速等矩传动
17. 对变速杆施加较大的力才能挂入倒档，防止误挂倒档的装置称为（　　）。
    A. 互锁装置　　　　B. 自锁装置　　　　C. 同步器　　　　　D. 倒档锁

18. 汽车变速器的操纵机构有（　　）个锁止装置。
    A. 一　　　　　B. 二　　　　　C. 三　　　　　D. 四
19. 汽车变速器通过适当的齿轮副降低转速以增加（　　），从而适应行驶阻力增大的需要。
    A. 转速　　　　B. 功率　　　　C. 转矩　　　　D. 传动比
20. 三轴式变速器的输出轴是（　　）。
    A. 第一轴　　　B. 第二轴　　　C. 中间轴　　　D. 倒档轴

三、判断题

1. 变速器的档位越低，传动比越小，汽车的行驶速度越低。（　　）
2. 无同步器的变速器，在换档时，无论从高速档换到低速档，还是从低速档换到高速档，其换档过程完全一致。（　　）
3. 采用滑动齿轮或接合套换档时，待啮合齿轮的圆周速度必须相等。（　　）
4. 同步器能够保证：变速器换档时，待啮合齿轮的圆周速度迅速达到一致，以减少冲击和磨损。（　　）
5. 超速档主要用于汽车在良好路面上轻载或空载运行，以提高汽车的燃料经济性。（　　）
6. 变速器在换档时，为避免同时挂入两档，必须装设自锁装置。（　　）
7. 互锁装置的作用是当驾驶人用变速杆推动某一拨叉轴时，自动锁止其他所有拨叉轴。（　　）
8. 变速器中传动比越大的档位，其输出的转速和转矩均越大。（　　）
9. 变速器直接档的传动效率最高。（　　）
10. 三轴式变速器挂直接档时，传递路线不经过中间轴。（　　）
11. 三轴式变速器第一轴与第二轴相互平行且在同一条直线上，因此，第一轴转动第二轴也随着转动。（　　）
12. 变速器倒档传动比数值设计得较大，一般与一档传动比数值相近，这主要是为了倒车时，汽车应具有足够大的驱动力。（　　）
13. 所谓三轴式变速器，是指变速传动机构中只有三根轴，而且三根轴均不转。（　　）
14. 常说的几档变速器，是指有几个前进档的变速器。（　　）
15. 变速器所有档位均采用直齿轮传动。（　　）

四、问答题

1. 变速器的作用是什么？
2. 变速器是如何分类的？
3. 变速器的换档方式有几种？
4. 同步器的作用是什么？
5. 对变速器有哪些基本要求？
6. 简述变速器变速和变向的原理。

项目四

液力自动变速器的构造与检修

【案例引入】

一辆丰田皇冠 3.0 轿车的变速器型号为 A340E，该车修理后，一档升二档、二档升三档均正常，但当车速为 60km/h 左右、发动机转速为 1800r/min、升入四档时，车辆突然出现发动机制动现象，同时发动机转速和车速急剧下降。

【学习目标】

1. 了解液力自动变速器的特点和组成。
2. 明白液力自动变速器各组成部分的结构与工作原理。
3. 能用正确的工具按照维修手册的要求进行液力自动变速器的分解和检修。
4. 能分析并排除液力自动变速器相关故障。

【知识准备】

一、液力自动变速器的特点和组成

自动变速器是指无须驾驶人的换档操作而能自动实现档位变换的变速器。它具有操作方便、换档平稳、乘坐舒适、过载保护性好等优点。

自动变速器一般分为以下三种形式：液力自动变速器（简称 AT）、电控机械式自动变速器（简称 AMT）和无级自动变速器（简称 CVT）。

与手动变速器相比，自动变速器的缺点是结构较复杂、制造困难、成本高。另外，液力自动变速器的突出缺点是传动效率低。随着技术的不断进步，通过与发动机的匹配优化、应用液力变矩器锁止离合器、控制换档点、增加档位数等措施，目前已使液力自动变速器的传动效率接近手动变速器的水平。

液力自动变速器的基本组成如图 4-1 所示。

从图 4-1 中可以看出，液力自动变速器由液力变矩器、齿轮变速传动装置、液压控制系统、电子控制系统等组成，各部分的作用如下：

1. 液力变矩器

液力变矩器位于自动变速器的最前端，它安装在发动机的飞轮上，其作用是利用液力传

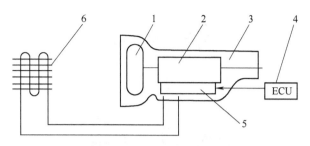

图 4-1 液力自动变速器的基本组成
1—液力变矩器 2—齿轮变速传动装置 3—壳体 4—电子控制系统 5—液压控制系统 6—油冷却和滤清装置

递的原理,将发动机的动力传给自动变速器的输入轴;它还能缓冲发动机及传动系统的扭转振动,使发动机转动平稳;同时可驱动液压控制系统的液压泵。

2. 齿轮变速传动装置

齿轮变速传动装置是自动变速器的主要组成部分,包括齿轮变速机构和换档执行机构。换档执行机构可以使齿轮变速机构处于不同的档位,以实现不同的传动比,从而获得适当的转矩和转速。

3. 液压控制系统

液压控制系统由液压泵、各种控制阀、蓄能器、液压油散热器及液压管路组成。其作用是产生和调节油压,并在操纵手柄和电子控制系统的控制下将液压油送至换档执行机构,实现换档;此外,还要向液力变矩器提供液压油,将变矩器中的高温液压油送至散热器进行冷却。

4. 电子控制系统

自动变速器的电子控制系统由各种传感器、电子控制单元(即 ECU)、电磁阀、开关及指示装置等组成。其作用是根据传感器测得的汽车行驶状况和发动机工况,经过计算、比较处理后,按预先编制的控制程序发出控制信号,通过控制电磁阀来操纵液压控制阀的工作,实现自动换档控制、锁止离合器控制等。

二、液力耦合器与液力变矩器

1. 液力耦合器

(1) 液力耦合器的构造 液力耦合器的构造如图 4-2 所示。

发动机曲轴凸缘上装有泵轮 1,泵轮与外壳 3、4 连接(或焊接)在一起,随曲轴一起旋转,为液力耦合器的主动部分。与泵轮相对安装的是涡轮 2,涡轮与输出轴 8 装在一起,为液力耦合器的从动部分。泵轮和涡轮是两个直径相同的叶轮,统称工作轮。工作轮里有许多半圆形的径向叶片,两轮装合后的相对端面之间有 2~6mm 的间隙。其轴线断面的内腔共同构成圆形或椭圆形的环状空腔,此环状空腔称为循环圆。循环圆内充满了工作油液(一般为透平油),工作轮的每两个相邻叶片间形成液流通道。

(2) 液力耦合器的工作原理 液力耦合器的工作原理如图 4-3 所示。

液力耦合器工作时,就像两台电风扇对置,其中一台电风扇接通电源,而另一台电风扇不接电源,前者转动时,产生的气流可以吹动后者的叶片使其转动。液力耦合器的泵轮相当于接通电源的电风扇,液力耦合器的涡轮相当于不接电源的电风扇,液力耦合器内的自动变

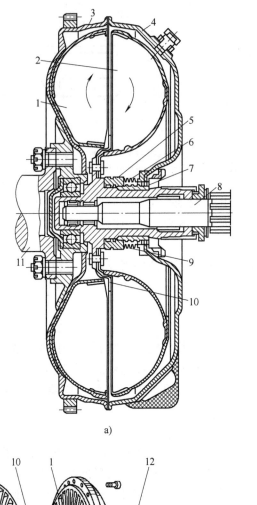

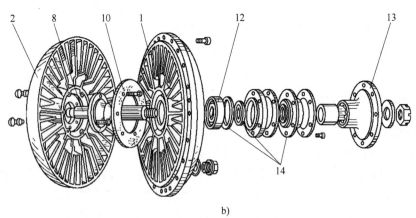

图 4-2 液力耦合器的构造
1—泵轮 2—涡轮 3、4—外壳 5—密封钢环 6—密封波形套 7—弹簧
8—输出轴 9—石墨环 10—挡板 11—曲轴 12—轴承 13—油封 14—输出轴凸缘盘

速器油相当于空气。

当工作轮旋转时,其中的工作液也被叶片带动一起旋转。在离心力作用下,工作液从叶片内缘向外缘流动。因此,叶片外缘处压力较高,而内缘处压力较低,其压力差取决于工作

轮的半径和转速。由于泵轮和涡轮的半径是相等的，故当泵轮的转速大于涡轮的转速时，泵轮叶片外缘的液压大于涡轮叶片外缘的液压。于是，工作液不仅随着工作轮绕轴 1 和 5 的轴线作圆周运动，并且在上述压力差作用下，沿循环圆依箭头所示方向作循环流动。液体质点的流线形成一个首尾相连回环形螺旋线。

泵轮对工作液做功，使之从泵轮叶片内缘流向外缘的过程中，圆周速度和动能渐次增大；而从涡轮叶片外缘流向内缘的过程中，圆周速度和动能则渐次减小。故液力耦合器的传动过程是：泵轮接受发动机传来的机械能，传给工作液，使其动能提高，然后再由工作液将动能传给涡轮。因此，液力耦合器实现传动的必要条件是工作液在泵轮和涡轮之间有循环流动。而循环流动的产生，是由于两个工作轮转速不等，使两轮叶片的外缘处产生液压差所致。故液力耦合器在正常工作时，泵轮转速总是大于涡轮转速。如果二者转速相等，液力耦合器则不起传动作用。

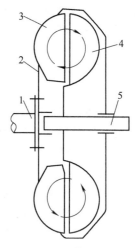

图 4-3 液力耦合器的工作原理
1—发动机曲轴　2—耦合器外壳
3—泵轮　4—涡轮　5—输出轴

可以看出，液力耦合器在工作过程中，油液只是在泵轮和涡轮之间进行能量的传递和转换，而没有受到任何其他附加外力的作用。因此，发动机输入到泵轮的转矩 M_B 与涡轮所输出的转矩 M_W 总是相等的。即液力耦合器只能等量的传递转矩，而不起改变转矩大小的作用，故必须有变速机构与其配合使用。

2. 液力变矩器

（1）液力变矩器的结构　液力变矩器的结构如图 4-4 所示。

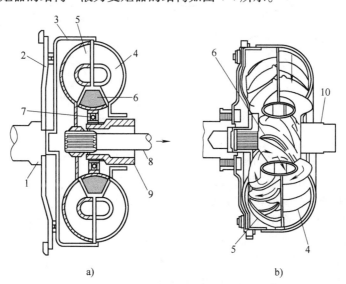

a) b)

图 4-4 液力变矩器的结构
1—曲轴　2—飞轮　3—壳体　4—泵轮　5—涡轮　6—导轮　7—单向离合器
8—输出轴　9—导轮固定套　10—液压泵驱动轴套

液力变矩器由壳体、泵轮、涡轮、导轮和单向离合器等组成。壳体安装在发动机飞轮上，泵轮和壳体焊接在一起，随发动机曲轴一同旋转，是液力变矩器的主动部分；涡轮和输出轴连接在一起，是液力变矩器的从动部分。泵轮和涡轮互不接触，两者之间有一定的间隙（3~4mm）。导轮位于泵轮和涡轮之间，通过单向离合器支承在固定于变速器壳体的导轮固定套上，并与泵轮和涡轮保持一定的轴向间隙。发动机运转时带动液力变矩器的壳体和泵轮与之一同旋转，泵轮内的液压油在离心力的作用下由泵轮叶片外缘冲向涡轮，并沿涡轮叶片流向导轮，再经导轮叶片流回泵轮叶片内缘，形成循环的液流。液压油在循环流动的过程中将发动机的输出转矩传给涡轮。

导轮的作用是增大涡轮上的输出转矩。由于涡轮叶片外缘流向导轮的液压油仍有相当大的冲击力，只要将泵轮、涡轮和导轮的叶片设计成一定的形状和角度，就可以利用上述冲击力来提高涡轮的输出转矩。

（2）液力变矩器的工作原理　当汽车起步时，如图4-5a所示，泵轮与涡轮之间的转速差较大，沿涡轮叶片流动的液压油速度（涡流速度）A也较大，在涡轮旋转速度（环流速度）B的影响下，速度A的方向发生偏移，液压油实际上按速度C的方向流向导轮，冲击导轮叶片的正面，但由于导轮被单向离合器锁住不转动，因此液压油经固定导轮的叶片后其流向发生改变，冲击到泵轮的背面，增强泵轮的转动，产生增矩作用。

当涡轮转速随车速的提高而提高时，如图4-5b所示，泵轮与涡轮转速差较小，环流速度B就升高，液压油按速度C的方向流向导轮叶片的背面，使导轮叶片对液流起阻挡作用。在这种情况下，单向离合器使导轮与泵轮同方向自由转动。自由转动的导轮对液压油没有反作用力矩，因此这时变矩器不能起增矩的作用。

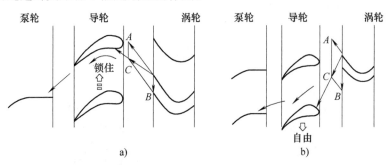

图4-5　液力变矩器的工作原理

由此可知，当涡轮转速达到泵轮转速的某一给定比例时，导轮就开始与泵轮同向转动，这就是耦合器工作点或耦合点。达到耦合点以后，不再发生转矩成倍放大效应，变矩器也仅起到普通液力耦合器的作用。

（3）液力变矩器的外特性　液力变矩器的外特性是指泵轮转速（转矩）不变时，液力元件外特性参数与涡轮转速的关系。图4-6所示为泵轮转矩M_B为定值时，涡轮转矩M_W与涡轮转速n_W的关系。

由图4-6可见，液力变矩器涡轮输出转矩M_W随涡轮转速n_W的变化而变化。实际上，涡轮转速是随汽车的行

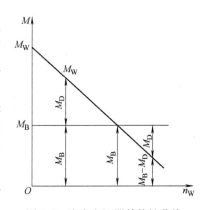

图4-6　液力变矩器外特性曲线

驶阻力大小而变化的。当行驶阻力增大时，涡轮转速 n_W 减小，涡轮输出转矩 M_W 增大；当行驶阻力减小时，n_W 增大，M_W 减小。

液力变矩器的这种外特性特别适用于汽车。当汽车起步时，涡轮转速 $n_W=0$，M_W 达到最大值，使汽车驱动车轮获得最大驱动力矩，保证汽车能克服较大的阻力而顺利起步。当汽车上坡或遇到较大行驶阻力时，车速降低，涡轮转速也随着降低，涡轮输出转矩增大，保证汽车能克服较大行驶阻力。由于液力变矩器能够自动地适应汽车行驶情况的需要，所以，液力变矩器是一种在一定范围内能够随汽车行驶情况自动改变转矩的无级变速器。

3. 带锁止离合器的液力变矩器

因液力变矩器的涡轮与泵轮之间存在转速差和液力损失，液力变矩器的效率不如机械变速器高，故采用液力变矩器的汽车在正常行驶时的燃油经济性较差。为提高液力变矩器在高传动比工况下的效率，可采用带锁止离合器的液力变矩器，其构造如图4-7所示。

锁止离合器的主动部分是传力盘8和活塞6，它们与泵轮11一同旋转；从动部分是装在涡轮轮毂14花键上的从动盘7。液压油经油道5进入后，推动活塞右移，压紧从动盘，即锁止离合器接合，于是泵轮与涡轮接合成一体旋转，变矩器不起作用。当撤除油压时，二者分离，变矩器恢复正常工作。

当汽车起步或在坏路面上行驶时，可将锁止离合器分离，使变矩器起作用，以充分发挥液力传动自动适应行驶阻力剧烈变化的优点。当汽车在良好道路上行驶时，应接合锁止离合器，使变矩器的输入轴和输出轴成为刚性连接，即转为直接机械传动。此时，动力传递无须通过液体，从而提高了液力变矩器的传动效率，提高了汽车的行驶速度和燃油经济性。

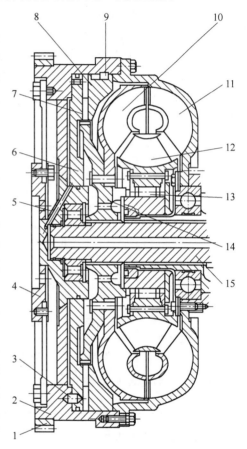

图4-7 带锁止离合器的液力变矩器构造

1—动齿圈 2—锁止离合器操纵液压缸
3—导向销 4—曲轴凸缘盘 5—油道
6—操纵液压缸活塞（压盘） 7—从动盘
8—传力盘 9—键 10—涡轮 11—泵轮
12—导轮 13—自由轮机构
14—涡轮轮毂 15—变矩器输出轴

三、齿轮变速传动装置

（一）行星齿轮变速器的工作原理

行星齿轮变速器是由若干排行星齿轮机构组合而成，用离合器或制动器控制行星齿轮机构的构件来实现变速的。

最简单的单排行星齿轮机构工作原理如图4-8所示。它包括太阳轮1、齿圈2、行星架3和行星轮4，前三个零件称为行星齿轮机构的三个基本构件。行星轮同时与太阳轮和齿圈相啮合，在它们中间起着中间轮（惰轮）的作用。

根据能量守恒定律，由作用在单排行星齿轮机构各构件上的力矩和结构参数，可导出表

示单排行星齿轮机构一般运动规律的特性方程式，即

$$n_1 + \alpha n_2 - (1+\alpha)n_3 = 0$$

式中，n_1、n_2、n_3 分别为太阳轮、齿圈、行星架的转速；α 为齿圈齿数 z_2 与太阳轮齿数 z_1 之比。

根据特性方程式可知，单排行星齿轮机构是一个两自由度机构，为了获得确定的运动，必须约束其中一个自由度。在汽车行星齿轮变速器中，

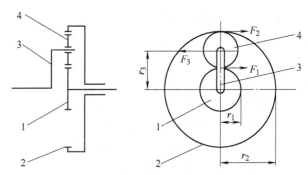

图 4-8 单排行星齿轮机构工作原理
1—太阳轮 2—齿圈 3—行星架 4—行星轮

可用制动器将太阳轮、齿圈、行星架三个构件中任一构件制动住，或用闭锁离合器将其中两构件闭锁起来，使整个轮系以一定的传动比传递动力。表 4-1 所示为单排行星齿轮机构的传动方案。

表 4-1 单排行星齿轮机构的传动方案

状态	固定件	主动件	从动件	传动比	旋转方向	档位
1	太阳轮	齿圈	行星架	$i = 1 + \dfrac{z_1}{z_2} = 1 + \dfrac{1}{\alpha}$	相同	降速档
2	太阳轮	行星架	齿圈	$i = \dfrac{z_2}{z_1+z_2} = \dfrac{\alpha}{1+\alpha}$	相同	超速档
3	齿圈	太阳轮	行星架	$i = 1 + \dfrac{z_2}{z_1} = 1 + \alpha$	相同	降速档
4	齿圈	行星架	太阳轮	$i = \dfrac{z_1}{z_1+z_2} = \dfrac{1}{1+\alpha}$	相同	超速档
5	行星架	太阳轮	齿圈	$i = -\dfrac{z_2}{z_1} = -\alpha$	相反	倒档（降速）
6	行星架	齿圈	太阳轮	$i = -\dfrac{z_1}{z_2} = -\dfrac{1}{\alpha}$	相反	倒档（超速）
7	将任意两基本构件连接在一起			1	相同	直接档
8	太阳轮、齿圈、行星架均不固定					空档

（二）换档执行机构

从单排行星齿轮变速传动分析可以知道，要想实现行星齿轮变速传动，就要对行星齿轮机构的基本构件进行不同的约束，也就是固定或连接某些基本构件。能对这些基本构件实施约束的机构，就是行星齿轮变速器的换档执行机构。

行星齿轮变速器的换档执行机构通常由离合器、制动器和单向离合器三种不同的执行元件组成，它们通过一定规律对行星齿轮机构的某些基本构件进行连接、固定或锁止，让行星齿轮机构获得不同的传动比，从而实现档位的变换。

1. 离合器

离合器的作用是将输入轴或输出轴与行星齿轮机构中的某个基本构件连接起来，或将行星齿轮机构中某两个基本构件连接在一起，使之成为一个整体，以传递动力。换档执行机构中采用的离合器多为湿式多片离合器，它通常由离合器鼓、离合器活塞、回位弹簧、钢片、摩擦片、离合器毂等组成，如图 4-9 所示。

项目四 液力自动变速器的构造与检修

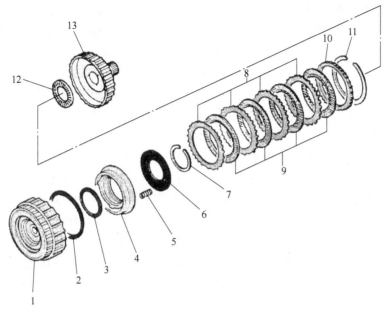

图 4-9 湿式多片离合器的组成
1—离合器鼓 2、3—密封圈 4—离合器活塞 5—回位弹簧 6—弹簧座 7、11—卡环
8—钢片 9—摩擦片 10—挡圈 12—止推轴承 13—离合器毂

离合器活塞安装在离合器鼓内，由活塞内外圆的密封圈保证其密封，从而和离合器鼓一起形成一个封闭的环状液压缸，并通过离合器鼓内圆轴颈上的进油孔和液压油道相通。钢片和摩擦片交错排列，两者统称为离合器片。钢片的外花键齿安装在离合器鼓的内花键齿圈上，可沿齿圈键槽做轴向移动；摩擦片由其内花键齿与离合器毂的外花键齿连接，也可沿键槽做轴向移动。

离合器的工作情况如图 4-10 所示。

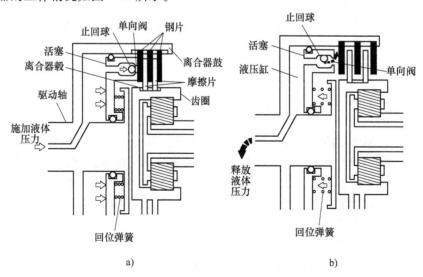

图 4-10 湿式多片离合器的工作情况
a）接合 b）分离

57

离合器处于分离状态时，钢片和摩擦片之间存在一定的轴向间隙，以保证无轴向压力。当液压油通过油道进入活塞左腔油室时，液压力克服回位弹簧张力推动活塞右移，使所有钢片、摩擦片压紧，离合器接合。钢片和摩擦片之间有很大的摩擦因数，在液压力的作用下将产生很大的摩擦力，使从动部分的离合器毂连接，转矩经离合器鼓、钢片、摩擦片、离合器毂传至行星齿轮机构。当液压油排出时，活塞就会在回位弹簧的作用下压回液压缸的底部，使钢片和摩擦片相互分离，离合器鼓和离合器毂可以朝不同的方向或以不同的转速旋转，此时离合器处于分离状态。

一般在离合器内部只有一条油道，油道设在离合器的中心部位，进油和泄油均要通过该油道。离合器接合时，推动活塞的液压油受到惯性力的作用被甩到液压腔的外壁上。离合器分离时，部分液压油在惯性力的作用下不易排出而滞留在液压腔内，造成离合器没有完全脱开，从而导致钢片和摩擦片间出现不正常滑摩，影响离合器的使用寿命。为了避免这种现象的出现，在离合器的活塞内装有止回球。离合器接合时，液压力使止回球压紧在阀座上，液压腔成为封闭的油腔，离合器可以传递转矩。离合器分离时，随着液压油的排出液压力下降，止回球与阀座脱开，液压油从阀座处被排出，使离合器迅速分离并完全脱开。

2. 制动器

制动器的作用是约束行星齿轮机构中某个基本构件，使其不能运动，以获得必要的传动比。目前常用的制动器有湿式多片制动器和带式制动器。

（1）湿式多片制动器　湿式多片制动器如图4-11所示，由活塞、回位弹簧、摩擦片、钢片等组成。

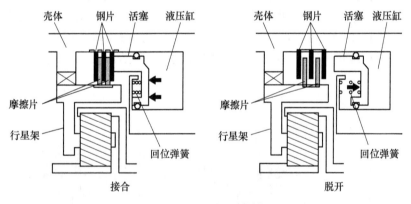

图4-11　湿式多片制动器

湿式多片制动器的结构和工作原理与湿式多片离合器相似，其不同之处为，离合器鼓连同液压缸（即它的壳体）是一个主动部件，而制动器鼓连同液压缸（即它的壳体）是固定不动的，通常湿式多片制动器的壳体就是行星齿轮变速器的壳体。制动器钢片外花键安装在变速器壳体上的制动器鼓内花键齿圈中不能转动，摩擦片则通过内花键齿与制动器毂上的外花键齿连接。制动器不工作时，钢片和摩擦片之间无液压力，制动器毂可以旋转。制动器工作时，液压油进入制动器液压缸，液压力作用在制动器的活塞上，推动活塞将钢片与摩擦片压紧在一起，使制动器毂以及与其相连的行星齿轮机构的某一基本构件被固定而不能旋转。

（2）带式制动器　带式制动器是利用围绕在制动鼓周围的制动带收缩而产生制动效果的。制动带内侧的摩擦材料与湿式多片离合器的摩擦片相同。带式制动器由制动鼓、制动带及活塞等组成，如图 4-12 所示。制动带围绕在制动鼓的圆周上，制动鼓与行星齿轮机构一起旋转。制动带的一端与制动缸活塞抵靠，活塞通过内、外弹簧安装在活塞杆上。

变速器内液压系统的油压施加到活塞上，推动活塞左移，使活塞杆移动并收紧制动带，锁止旋转构件。当油液通过控制阀排出时，弹簧推动活塞回位并放松制动带，制动解除。

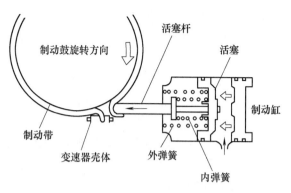

图 4-12 带式制动器

3. 单向离合器

单向离合器的作用是单向锁止行星齿轮机构中某个基本构件的旋转。当与之相连接的构件的受力方向与锁止方向相同时，该构件即被固定或连接；当构件受力方向与锁止方向相反时，该构件即被释放或脱离连接。单向离合器的工作完全由与之相连的构件的相对运动方向控制，在与其连接的行星齿轮机构基本构件的相对运动方向发生变化的瞬间，单向离合器就产生接合或脱离，可使换档平顺无冲击，所以单向离合器的工作不需另外的控制机构。

单向离合器有多种形式，目前应用最多的是楔块式单向离合器。楔块式单向离合器由外环、内环、楔块（滚子）等组成，如图 4-13 所示。楔块的尺寸 A 略大于内外环之间的距离 B，而尺寸 C 则略小于 B。当外环相对于内环朝顺时针方向旋转时，楔块在摩擦力的作用下立起，因自锁作用而被卡死在内外环之间，使内环和外环无法相对滑转，此时单向离合器处于锁止状态；当外环相对于内环朝逆时针方向旋转时，楔块在摩擦力的作用下倾斜，脱离锁止状态，内外环可以相对滑转，此时单向离合器处于自由状态。

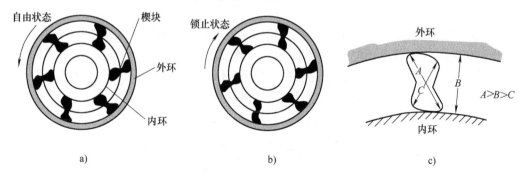

图 4-13 楔块式单向离合器
a）自由状态　b）锁止状态　c）楔块尺寸

（三）行星齿轮传动装置

1. 三档辛普森式行星齿轮传动装置

辛普森式行星齿轮传动装置由辛普森式行星齿轮机构和换档执行机构组成，其中辛普森式行星齿轮机构采用双行星排，前后两个行星排的太阳轮连成一个整体，称为太阳轮组件；前排的行星架和后排的齿圈连成一体，称为前行星架和后齿圈组件，输出轴通常与该组件相连。如图 4-14 所示，辛普森式行星齿轮机构只有四个独立构件：前齿圈 1、太阳轮组件 2、后行星架 4、前行星架和后齿圈组件 5。而换档执行元件包括两个离合器、三个制动器和两个单向离合器。

辛普森式行星齿轮变速器的布置如图 4-15a 所示，变速器的传动原理如图 4-15b 所示。

装备有自动变速器的汽车，驾驶室内设有变速杆，驾驶人根据行驶情况可以选择变速杆的各个位置，变速杆的动作带动自动变速器电子液压控制系统中手动阀位置的改变，从而可以选定不

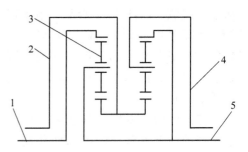

图 4-14　辛普森式行星齿轮机构简图
1—前齿圈　2—太阳轮组件　3—行星齿轮
4—后行星架　5—前行星架和后齿圈组件

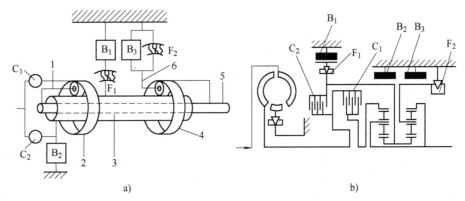

图 4-15　辛普森式行星齿轮变速器的布置和传动原理
1—前行星架　2—前齿圈　3—太阳轮组件　4—后齿圈　5—输出轴　6—后行星架
C_1—前进离合器　C_2—倒档和高档离合器　B_1—二档制动器　B_2—二档强制制动器
B_3——档和倒档制动器　F_1—二档单向离合器　F_2——档单向离合器

同的自动换档范围。就三档辛普森式行星齿轮变速器来说，变速杆的位置有六个：P（停车位）、R（倒车位）、N（空档位）、D（前进位）、S 或 2（前进二位）、L 或 1（低档位）。其中，D 位具有三个档，可以使自动变速器在一档至三档之间变速；S（或 2）位具有两个档，可以在一档至二档之间变速；L（或 1）位只允许以一档行驶。

三档辛普森式行星齿轮变速器各档位与换档执行元件的关系见表 4-2。

表 4-2　三档辛普森式行星齿轮变速器换档执行元件工作情况

变速杆位置	档位	换档执行元件						
		C_1	C_2	B_1	B_2	B_3	F_1	F_2
P	停车档					※		
R	倒档		※			※		
N	空档							
D	一	※						※
	二	※		※			※	
	三	※	※	※				

（续）

变速杆位置	档位	换档执行元件						
		C_1	C_2	B_1	B_2	B_3	F_1	F_2
S	一	※						※
	二	※		※	※		※	
L	一	※				※		※

注：※表示接合、制动或锁止。

三档辛普森式行星齿轮变速器各档的传动路线分析如下：

（1）D位一档和S位一档　如图4-16所示，前进离合器C_1接合，将输入轴与前齿圈连接，一档单向离合器F_2锁止，使后行星架不能逆时针方向转动而固定。此档前后两排行星齿轮机构均参与动力输出。

传动路线为：输入轴→前进离合器C_1→前齿圈→前行星齿轮
$\begin{cases}→太阳轮组件→后行星齿轮→后齿圈\\→前行星架\end{cases}$→输出轴。

（2）D位二档　如图4-17所示，前进离合器C_1接合，将输入轴与前齿圈连接，二档制动器B_1接合，二档单向离合器F_1锁止，使太阳轮组件不能逆时针方向转动而固定。此档只有前排行星齿轮机构参与动力输出，后排行星齿轮机构处于空转状态。

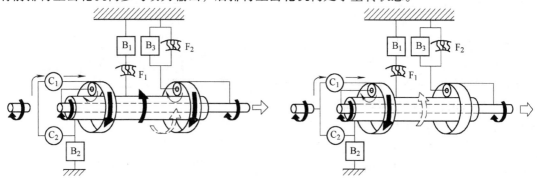

图4-16　D位一档传动示意图　　　　图4-17　D位二档传动示意图

传动路线为：输入轴→前进离合器C_1→前齿圈→前行星齿轮→前行星架→输出轴。

注意：在变速器处于D位一档或二档，汽车滑行时，由于一档单向离合器或二档单向离合器处于滑转状态，不能阻止后行星架或太阳轮组件顺时针方向转动，行星齿轮机构失去反向传递动力的能力，因此，D位一档和二档均没有发动机制动作用。

（3）D位三档　如图4-18所示，前进离合器C_1与倒档和高档离合器C_2接合，此时太

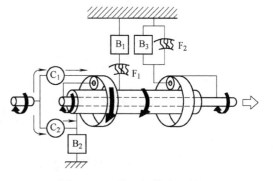

图4-18　D位三档传动示意图

阳轮和前齿圈均与输入轴连接，故行星架也与它们同速转动，形成直接档，输入轴动力直接传给输出轴。此档也只有前排行星齿轮机构参与动力输出，后排行星齿轮机构处于空转状态。由

于前行星架和后齿圈组件与太阳轮组件被连成一体,此时的行星齿轮变速器具有反向传递动力的能力,在汽车急速工况滑行时可实现发动机的低速制动作用。

（4）L位　如图4-19所示,前进离合器C_1接合,将输入轴与前齿圈连接,一档和倒档制动器B_3接合,后行星架始终被固定。

L位传动路线与D位一档相同。与D位一档不同之处是,当发动机处于急速工况时,汽车在惯性作用下滑行,汽车驱动轮通过变速器输出轴驱动行星齿轮机构,由于后行星架始终被B_3固定,这时可反向驱动行星齿轮变速器输入轴以原来的转速转动,从而使与变速器输入轴连接的变矩器涡轮的转速高于与发动机曲轴连接的变矩器泵轮的转速,成为汽车驱动轮通过变矩器反向驱动发动机曲轴的工况。这样,发动机急速运行阻力可限制驱动轮的转速,汽车减速,实现了利用发动机制动。

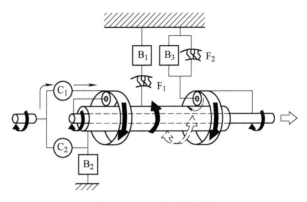

图4-19　L位传动示意图

（5）S位二档　如图4-20所示,前进离合器C_1接合,将输入轴与前齿圈连接,二档强制制动器B_2接合,太阳轮组件始终被制动器B_2固定。

S位二档传动路线与D位二档相同。与D位二档不同之处是,发动机处于急速而汽车进行滑行时,汽车驱动轮通过变速器输出轴驱动行星齿轮机构,由于太阳轮组件始终被B_2固定,行星齿轮变速器输入轴被反向驱动,仍以原来的转速转动,变矩器涡轮转速高于泵轮的转速,成为汽车驱动轮通过变矩器反向驱动发动机曲轴的工况,所以可利用发动机制动。

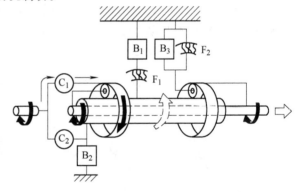

图4-20　S位二档传动示意图

（6）R位　如图4-21所示,倒档和高档离合器C_2接合,将输入轴与太阳轮组件连接,一档和倒档制动器B_3接合,后行星架始终被固定。

传动路线为：输入轴→倒档和高档离合器C_2→太阳轮组件→后行星齿轮→后齿圈→输出轴。

从各构件转动方向可以看出,输出轴的转向与输入轴的转向相反,实现了倒档。此时,由于前齿圈可自由旋转,故前行星排处于自由状态,不参加工作。

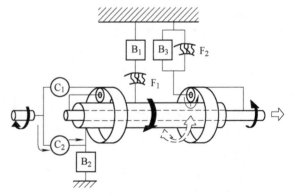

图4-21　R位传动示意图

(7) N 位 当变速杆置于 N 位时,各离合器和制动器均不工作,液力变矩器的动力不能传至行星齿轮变速器,形成空档。

(8) P 位 当变速杆置于 P 位时,如图 4-22 所示,变速杆的连杆机构推动停车闭锁凸轮 3,使停车闭锁爪 1 上的齿嵌入变速器输出轴 2 的外齿中。由于停车闭锁爪固定在变速器外壳上,所以输出轴也被固定不能转动,从而锁住了驱动轮。

2. 四档拉维娜式行星齿轮传动装置

拉维娜式行星齿轮传动装置由拉维娜式行星齿轮机构和换档执行机构组成,拉维娜式行星齿轮机构也采用双行星排,如图 4-23 所示。前太阳轮、长行星轮、行星架和齿圈组成一个单行星轮式行星排。后太阳轮、短行星轮、长行星轮、行星架和齿圈组成一个双行星轮式行星排,前后行星排共用一个齿圈输出,且前后两个行星排的行星架连为一体。拉维娜式行星齿轮传动装置的换档执行机构包括四个离合器、两个制动器和两个单向离合器。

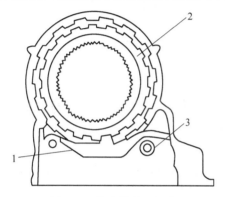

图 4-22 停车档锁止机构
1—停车闭锁爪 2—输出轴 3—闭锁凸轮

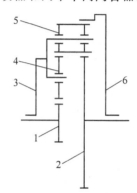

图 4-23 拉维娜式行星齿轮机构简图
1—后太阳轮 2—前太阳轮 3—行星架
4—短行星轮 5—长行星轮 6—齿圈

四档拉维娜式行星齿轮变速器的传动原理如图 4-24a 所示,变速器的布置如图 4-24b 所示。

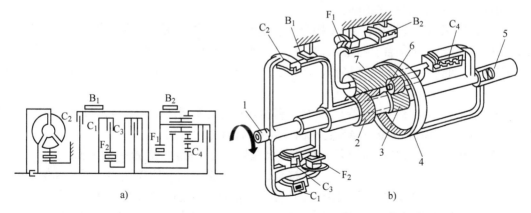

图 4-24 四档拉维娜式行星齿轮变速器的传动原理和布置
1—输入轴 2—前太阳轮 3—后太阳轮 4—齿圈 5—输出轴 6—短行星轮 7—长行星轮
C_1—前进离合器 C_2—倒档离合器 C_3—前进强制离合器 C_4—高档离合器 B_1—二档和四档制动器
B_2—低档和倒档制动器 F_1—低档单向离合器 F_2—前进单向离合器

四档拉维娜式行星齿轮变速器各档位与换档执行机构的关系见表4-3。

表4-3　四档拉维娜式行星齿轮变速器档位与执行机构关系

变速杆位置	档位	换档执行元件							
		C_1	C_2	C_3	C_4	B_1	B_2	F_1	F_2
D	一	※						※	※
	二	※				※			※
	三	※			※				※
	四	※			※	※			
L	一			※			※		
	二			※		※			
	三			※	※				
R	倒档		※				※		

注：※表示接合、制动或锁止。

四档拉维娜式行星齿轮变速器各档的传动路线分析如下：

（1）D位一档　前进离合器C_1接合，前进单向离合器F_2锁止，将输入轴与后太阳轮连接，低档单向离合器F_1锁止，行星架被固定。D位一档没有发动机制动作用，只有后行星排参与工作。

传动路线为：输入轴→前进离合器C_1→前进单向离合器F_2→后太阳轮→短行星轮→长行星轮→齿圈→输出轴。

（2）D位二档　前进离合器C_1接合，前进单向离合器F_2锁止，将输入轴与后太阳轮连接，二档和四档制动器B_1接合，前太阳轮被固定。D位二档也没有发动机制动作用，前后行星排均参与工作。

传动路线为：输入轴→前进离合器C_1→前进单向离合器F_2→后太阳轮→短行星轮→长行星轮→行星架→齿圈→输出轴。

（3）D位三档　前进离合器C_1接合，前进单向离合器F_2锁止，将输入轴与后太阳轮连接，高档离合器C_4也接合，将输入轴与行星架连接，这样后太阳轮与行星架被连接成一体，使齿圈随其一起转动，形成直接档。D位三档没有发动机制动作用，只有后行星排参与工作。

（4）D位四档　高档离合器C_4接合，将输入轴与行星架连接，二档和四档制动器B_1工作，前太阳轮被固定。D位四档为超速档，只有前行星排参与工作。

传动路线为：输入轴→高档离合器C_4→行星架→长行星轮→齿圈→输出轴。

（5）L位一档　前进强制离合器C_3接合，将输入轴与后太阳轮连接，低档和倒档制动器B_2工作，行星架被固定，传动路线与D位一档相同。但是由于前进单向离合器F_2不起作用，低档和倒档制动器B_2又代替了低档单向离合器F_1的工作，从而使汽车滑行时可以用发动机制动。

（6）L位二档　前进强制离合器C_3接合，将输入轴与后太阳轮连接，二档和四档制动器B_1工作，前太阳轮被固定，传动路线与D位二档相同。但前进单向离合器F_2不起作用，使汽车滑行时可以用发动机制动。

（7）L位三档　前进强制离合器C_3接合，将输入轴与后太阳轮连接，高档离合器C_4也接合，将输入轴与行星架连接，使后太阳轮与行星架一起带动齿圈转动，形成直接档。传动路线及传动比与D位三档相同。当汽车滑行时，前进强制离合器C_3与离合器高档C_4都能反向传递动力，所以有发动机制动的作用。

（8）R位　倒档离合器C_2接合，将输入轴与前太阳轮连接，低档和倒档制动器B_2接合，行星架被固定。R位只有前行星排参与工作。

传动路线为：输入轴→倒档离合器C_2→前太阳轮（顺时针）→长行星轮→齿圈（逆时针）→输出轴。

四、液压控制系统

（一）液压控制系统的基本组成

液力自动变速器的液压控制系统由动力源、执行机构和控制机构组成。

1. 动力源

液压控制系统的动力源是液压泵，它是整个液压控制系统的工作基础。液压泵的基本作用是提供满足要求的ATF（自动变速器油）油量和油压。

2. 执行机构

执行机构主要有离合器、制动器和液压缸等。

3. 控制机构

控制机构包括各种阀，如主油路调压阀、手动阀、换档阀、锁止控制阀等，此外还包括一些辅助装置，如用于防止换档冲击的蓄能器、单向阀等。

（二）液压泵

液压泵的主要作用是为液力变矩器、离合器、制动器和润滑系统提供液压油。

液压泵一般位于液力变矩器和行星齿轮传动装置之间，由液力变矩器外壳驱动。常用的液压泵有三种类型：齿轮泵、转子泵和叶片泵，如图4-25所示。三种液压泵的共同特点是：主动部分由液力变矩器花键毂或驱动轴驱动，从动部分与主动部分之间有一定的偏心距。

液力自动变速器使用最多的是内啮合齿轮泵，其典型结构如图4-25a所示。较小的外齿轮是主动齿轮，安装在较大的内齿轮中；内齿轮是从动齿轮，偏心地安装在泵壳中。在内、外齿轮之间有一个月牙形隔板，将内、外齿轮之间的容积分为两部分。外齿轮内径上有两个对称的凸键，与液力变矩器后端液压泵驱动轴的键槽或平面相配合。齿轮泵工作时，主动齿轮带动从动齿轮以相同的方向转动，在齿轮脱离啮合的一端（也就是吸油腔），通过进油口将油液吸入；在齿轮进入啮合的一端（也就是压油腔），容积由大变小，油压升高，将油液以一定的压力泵出。

（三）控制机构

1. 主油路调压阀

主油路调压阀的作用是根据发动机转速和节气门开度自动调节整个液压控制系统中的油压，保证液压控制系统油压稳定。主油压是液力自动变速器中最基本和最重要的油压，一是用于操作变速器内的离合器和制动器；二是用于进一步调节变速器内的其他压力。液力自动变速器的正常工作需要相对稳定的油压，如果油压过高，会导致离合器、制动器接合过快而出现换档冲击；如果油压过低，又会导致离合器、制动器接合不紧而打滑、烧结。

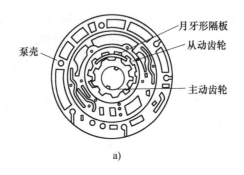
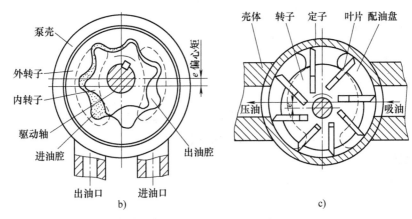

图 4-25 液压泵的类型
a) 齿轮泵 b) 转子泵 c) 叶片泵

由于液压泵是由发动机通过液力变矩器直接驱动的,所以液压泵转速随发动机转速改变而变化,其排油量和油压也与转速成正比。通常在液压泵的输出主油路中安装调压阀,限制液压泵最高输出压力,稳定油压,同时满足主油路系统在不同工况、不同档位时具有不同压力的要求。

主油路调压阀主要由阀芯、柱塞和弹簧等组成,其结构和工作原理如图 4-26 所示。

上端 A 处受到来自液压泵的液压力作用,下端 C 处受到来自节气门阀的液压力和调压弹簧力作用,A、C 两处压力的平衡决定阀芯所处的位置。

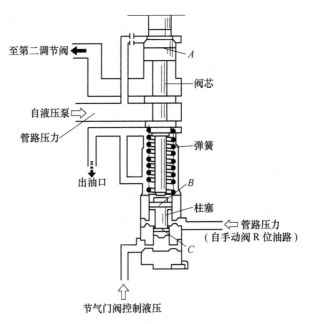

图 4-26 主油路调压阀结构和工作原理

若液压泵压力升高,上端 A 处受到的液压力增大,推动阀芯下移压缩弹簧,出油口打开,部分液压油被排出。调节出油口的面积可使工作油压被调整到规定值。

若加大节气门开度,发动机转速提高,液压泵转速随之加快,由液压泵产生的液压力也升高,向下的液压力增大;此时,随着节气门开度的变化,节气门阀的液压力也增大,下端 C 处受到的向上作用力也增大;这样主油路调压阀仍然保持平衡,满足了发动机功率增加时主油路油压增大的要求。

倒档时,手动阀打开另一条油路,将液压油引入调节阀柱塞的 B 腔,使得向上推动阀芯的液压力增加,阀芯上移,出油口被关小,主油路压力增高,从而可以获得满足倒档所需要的液压油路压力。

2. 手动阀

手动阀又称为手控阀或手动选档阀,与驾驶室的变速杆相连,其作用是控制各档位油路的转换。当驾驶人操纵变速杆时,手动阀会移动,使主油路与不同的控制油路相通,从而控制自动变速器处于不同档位进行工作。例如,当变速杆位于 R 位时,手动阀使主油路与 R 位油路接通,R 位油路将主油压直接输入倒档离合器和制动器,实现倒档,如图 4-27 所示。

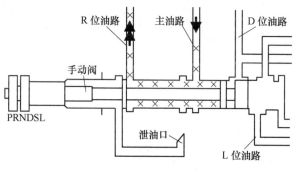

图 4-27 手动阀

3. 换档阀

换档阀的作用是根据换档控制信号切换档位油路,以实现两个档位的转换。换档阀是一种换向阀,用来改变油路的方向,使主油路液压油进入不同的换档执行元件(离合器或制动器),从而使自动变速器处于不同的档位。

大部分自动变速器的控制机构采用顺序换档的方式,每个换档阀只能完成相邻两个档位的换档过程,所以四档变速器要有三个换档阀。

液力自动变速器的换档阀的工作由 ECU 通过电磁阀来控制。控制方式有两种:一种是加压控制,即通过开启或关闭换档阀控制油路进油孔来控制换档阀的工作;另一种是泄压控制,即通过开启或关闭换档阀控制油路泄油孔来控制换档阀的工作。加压控制方式的工作原理如图 4-28 所示,液压油经电磁阀后通至换档阀的左端。当电磁阀关闭时,没有油压作用在换档阀左端,换档阀在右端弹簧力的作用下移向左端,如图 4-28a 所示;当电磁阀开启时,液压油作用在换档阀左端,使换档阀克服弹簧力右移,如图 4-28b 所示,从而改变油路,实现档位的变换。

4. 锁止控制阀

锁止控制阀用于控制液力变矩器中锁止离合器的接合与分离,由 ECU 通过锁止电磁阀控制。锁止控制阀的左端作用着弹簧弹力,主油路液压油经锁止电磁阀作用在锁止控制阀的右端,如图 4-29 所示。

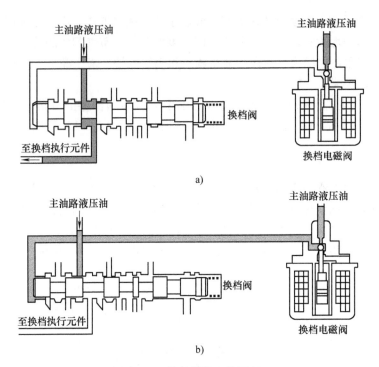

图 4-28 换档阀的工作原理

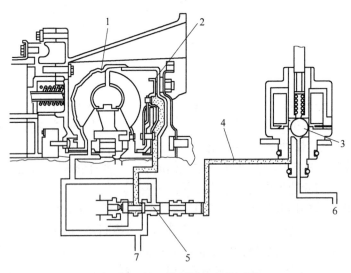

图 4-29 锁止控制阀的工作原理

1—液力变矩器 2—锁止离合器 3—锁止电磁阀 4—控制油压 5—锁止控制阀 6—来自主油道 7—来自变矩器控制阀

当锁止电磁阀通电或断电时,作用在锁止控制阀右端的控制油压产生变化,使锁止控制阀的阀芯左右移动,从而改变进、出液力变矩器的液压油方向,达到控制锁止离合器接合或分离的目的。

锁止电磁阀采用脉冲式电磁阀,ECU 可利用脉冲电信号占空比的大小来调节锁止电磁阀的开度,以控制作用在锁止控制阀右端的油压,由此调节锁止控制阀左移时排油孔的开度,从而控制锁止离合器活塞右侧油压的大小。脉冲信号的占空比越大,锁止离合器活塞左右两侧的油压差以及锁止离合器的接合力也越大。当脉冲信号的占空比达到一定数值时,锁止离合器即可完全接合。这样,ECU 在控制锁止离合器接合时,可以通过电磁阀来调节其接合速度,让接合力逐渐增大,使接合过程更加柔和。

五、电子控制系统

液力自动变速器的电子控制系统由输入装置、电磁阀和电子控制单元(ECU)等组成,如图 4-30 所示。ECU 是整个控制系统的控制中心,它根据安装在发动机、自动变速器及汽车各部位上的传感器测得的运转参数(发动机转速、车速、节气门开度、自动变速器油温等),以及各个控制开关送来的驾驶人的操作指令,通过分析运算,按 ECU 内设定的控制程序向各个电磁阀发出控制信号,以操纵阀板中各种控制阀的工作,从而实现对自动变速器的控制。

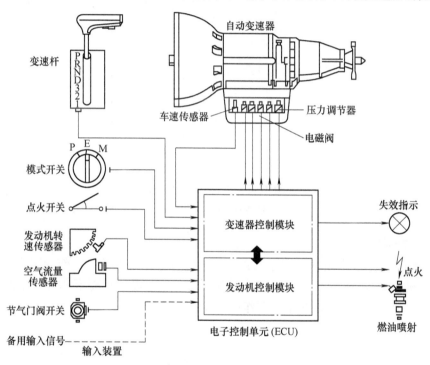

图 4-30 电子控制系统

(一)输入装置

电子控制系统的输入装置包括多个传感器和开关,常用的有节气门位置传感器、车速传感器、输入轴转速传感器、变速器油温传感器、超速档开关、模式开关、空档起动开关、强制降档开关和制动灯开关等。

1. 节气门位置传感器

节气门位置传感器将节气门开启角度转换为电压信号送至 ECU,此信号为决定换档点和变矩器锁止时机的基本信号之一。节气门位置传感器安装在发动机节气门体上并与节气门联动。

节气门位置传感器的结构及线路连接如图 4-31 所示。传感器 V_C 端子为发动机控制模块送来的 5V 稳压电源。当节气门开度变化时,节气门开度信号用动触点随之滑动,V_{TA} 端子输出与节气门开度变化成比例的电压信号到 ECU 中。当节气门全闭时，检测怠速状态的动触点使 IDL 和 E_2 两个端子接通，从而输出怠速状态信号。

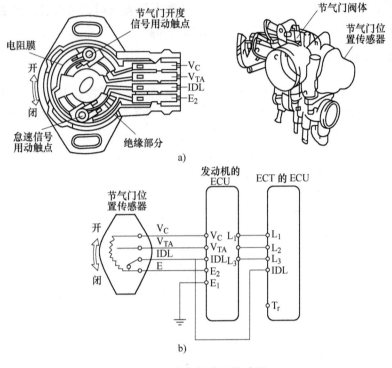

图 4-31 节气门位置传感器
a) 结构　b) 线路连接

2. 车速传感器

车速传感器用于产生频率与车速成正比的电信号，并输入 ECU，作为确定换档点和变矩器锁止时机的基本信号之一。车速传感器常用的有光电式、舌簧开关式、电磁感应式等。电磁感应式车速传感器的安装位置和工作原理如图 4-32 所示。

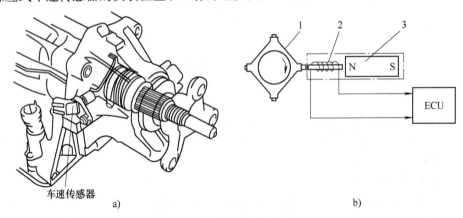

图 4-32 电磁感应式车速传感器
a) 安装位置　b) 工作原理
1—信号转子　2—信号线圈　3—永久磁铁

电磁感应式车速传感器主要由信号转子1、永久磁铁3和信号线圈2等组成。信号转子上带有凸轮，当其转动时，其与线圈铁芯之间的气隙产生周期性变化，通过信号线圈的磁通也发生变化，随着磁通的变化，在信号线圈上就会产生感应电压。车速越高，输出轴转速就越高，感应电压的脉冲频率也就越高。ECU按照单位时间内感应出的电压脉冲频率计算输出轴转速，然后换算成车速。

3. 输入轴转速传感器

输入轴转速传感器安装在行星齿轮变速器的输入轴或与输入轴连接的离合器鼓附近的壳体上，如图4-33所示，用于检测输入轴转速，并将信号送入ECU，以便精确地控制换档过程。ECU将输入轴转速信号与来自发动机控制模块的发动机转速信号进行比较，计算出变矩器的传动比，使锁止离合器的锁止控制、主油路压力控制、换档控制等得到进一步的优化，以改善汽车的行驶性能。ECU还可以将这一传感器的信号和车速传感器信号进行比较，以判断换档执行元件有无打滑。

4. 变速器油温传感器

变速器油温传感器安装在自动变速器油底壳内或液压阀的阀板上，用于检测自动变速器中变速器油的温度，作为ECU进行换档控制、油压控制、锁止离合器控制的依据。

如图4-34所示，变速器油温传感器内部有一热敏电阻，它是依靠热敏电阻阻值随温度变化而变化这一特性来检测油温的。通常使用负温度系数的热敏电阻，即温度越高，电阻值越小，ECU根据阻值的变化计算出变速器油的温度。

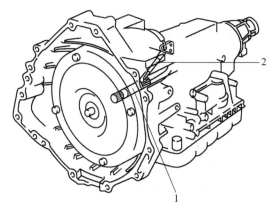

图4-33 输入轴转速传感器
1—行星齿轮变速器的输入轴　2—输入轴转速传感器

图4-34 变速器油温传感器

5. 超速档开关

超速档开关通常位于自动变速器的变速杆上，如图4-35所示，用来控制自动变速器超速档的使用。按下这个开关后，仪表盘上的"O/D OFF"指示灯亮起，表示限制超速档的使用。在这种状态下，四档自动变速器随着车速的提高而升档时，最高只能升入三档，不能升入超速档。

6. 模式开关

模式开关又称程序开关，用于选择自动变速器的控制模式，即选择自动变速器的换档规律，以满足不同路况的使用要求，如图4-36所示。换档规律不同，提供的换档点也不同。

常见的自动变速器的控制模式有动力模式（PWR）和常规模式（NORM），有的车型有经济模式（ECO）、运动模式（SPORT）、雪地模式（SNOW）、手动模式（MANUL）可供选择。

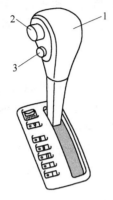

图 4-35 超速档开关位置
1—变速杆 2—锁止按钮 3—超速档开关

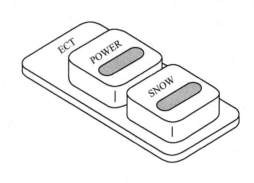

图 4-36 模式开关

7. 空档起动开关

空档起动开关位于自动变速器手动阀摇臂轴上或变速杆下方，用于检测变速杆的位置。它同时还控制发动机起动机，以确保只有当变速杆位于停车档或空档位置时，发动机才能起动。空档起动开关及各档切换触点如图 4-37 所示。当变速杆位于不同位置时，相应的触点被接通，ECU 根据被接通的触点测得变速杆的位置，从而按照不同的程序控制自动变速器的工作。此外，空档起动开关还控制着仪表盘上或变速杆旁边的手柄位置指示灯。

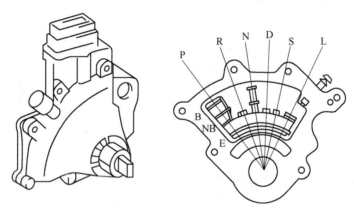

图 4-37 空档起动开关及各档切换触点

8. 强制降档开关

强制降档开关与节气门拉索装成一体，当加速踏板超过节气门全开位置时，强制降档开关接通，并向 ECU 输送信号，ECU 按其内存设置的程序控制换档，使变速器降一个档位，以提高汽车的加速性能。压下此开关后，为加大输出功率，空调装置将切断 8s。

9. 制动灯开关

制动灯开关用以判断制动踏板是否被踩下。当制动踏板被踩下时，制动灯开关输送信号给 ECU，ECU 便取消锁止离合器的接合，保证车辆的稳定行驶。制动灯开关安装在制动踏板支架上，如图4-38所示。

（二）主要电磁阀的结构和工作原理

电磁阀安装在自动变速器油底壳中的控制阀体上，ECU通过各种电磁阀来实现对自动变速器的控制。

1. 换档电磁阀

换档电磁阀由电磁线圈、衔铁、回位弹簧、阀芯等组成，如图4-39所示，其作用是在ECU的控制下改变作用在换档阀上的控制油压，以实现自动换档。换档电磁阀的电磁线圈在ECU的控制下通电时，电磁力使阀芯上移，打开泄油口，使控制油压降低，如图4-39b所示；电磁线圈断电时，回位弹簧使阀芯下移，关闭泄油口，使控制油压升高，如图4-39c所示。

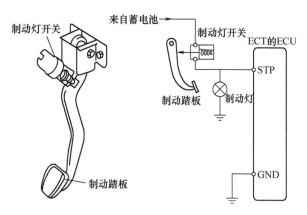

图4-38 制动灯开关位置及电路图

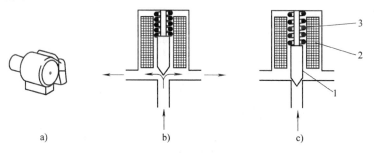

图4-39 换档电磁阀
a）结构 b）通电 c）断电
1—阀芯和衔铁 2—电磁线圈 3—回位弹簧

2. 油压电磁阀

油压电磁阀是一种脉冲线性电磁阀，由电磁线圈、衔铁、滑阀、回位弹簧等组成，如图4-40所示，其作用是在ECU的控制下产生节气门油压。控制油压电磁阀工作的电信号是一

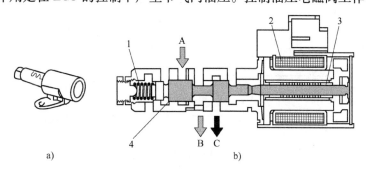

图4-40 油压电磁阀
a）结构 b）工作原理
1—回位弹簧 2—电磁线圈 3—衔铁 4—滑阀
A—主油路油压 B—节气门油压 C—泄油孔

个固定频率的脉冲电信号。电磁阀在脉冲电信号的作用下不断地开启和关闭泄油孔，ECU通过改变每个脉冲周期内电流接通和断开的时间比率（即占空比），改变电磁阀开启和关闭的时间，以控制油路的压力。电磁阀的工作方式有两种，一种是占空比越大，经电磁阀泄油越多，油压就越低；另一种是占空比越大，油压越高。

（三）电子控制单元

自动变速器 ECU 具有换档控制、主油路油压控制、锁止离合器控制、自动模式选择控制、换档平顺性控制、故障诊断、失效保护等功能。

1. 换档控制

自动变速器换档时刻的控制是 ECU 最重要的控制内容之一。汽车在某个特定工况下都有一个与之对应的最佳换档时刻，使其发挥出最好的动力性和经济性。汽车在行驶过程中，自动变速器 ECU 根据模式选择开关信号、节气门开度信号、车速信号等参数来控制接通或断开换档电磁阀，从而打开或关闭通往离合器、制动器的油路，使变速器升档或降档。

换档车速与节气门开度的关系称为换档规律。图 4-41 所示为变速杆处于 D 位时常规驾驶模式与动力驾驶模式的换档规律。

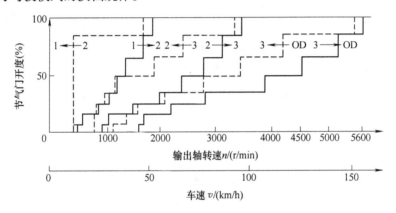

常规驾驶模式换档规律

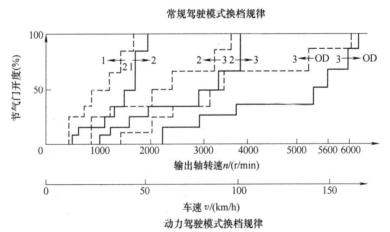

动力驾驶模式换档规律

图 4-41 换档规律

从图 4-41 中可以看出，自动变速器换档具有如下特点：

1) 当变速杆在 D 位，且节气门开度相同时，动力驾驶模式换档规律的各档升档车速以及降档车速都比常规驾驶模式换档规律的高,即在发动机转速相对较高时才能换入高一档,也就是延迟升档。升档车速越高,加速动力性越好,降档时亦然。反之,升档车速越低,则燃油经济性越好。

2) 随着节气门开度的增加,升档或降档的车速增加。所以在实际的换档操作过程中,一般可以采用"抬加速踏板"的方法来快速升档。

2. 主油路油压控制

主油路油压是由主油路调压阀调节的。主油路油压应随着发动机负荷的增大而升高,以满足传递大功率时对离合器、制动器等执行元件液压缸工作压力的要求。

ECU根据节气门位置传感器测定的节气门开度,控制油压电磁阀脉冲信号的占空比,使主油路油压随节气门开度的变化而变化。图4-42所示为主油路油压随节气门开度的变化情况。由于倒档使用的时间较少,为减小自动变速器的体积,通常倒档执行机构的尺寸较小,同时其传递转矩较大,因此油压较其他档位要高。

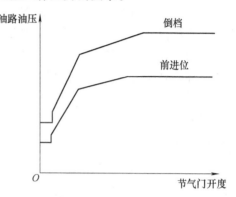

图4-42 主油路油压特性

3. 锁止离合器控制

ECU可根据车速信号和节气门开度信号使锁止电磁阀接通或断开,从而控制锁止时间。

锁止离合器工作时,升档或降档期间,ECU会把锁止电磁阀电路暂时切断,以减轻换档冲击。

此外,只要发生下述四种情况之一,ECU都将切断锁止电磁阀电路,强制锁止离合器分离:制动灯开关接通;节气门位置传感器的IDL端子接通(节气门全闭);冷却液温低于70℃;巡航控制系统工作时,实际车速低于其预置车速但高于10km/h。

4. 自动模式选择控制

ECU通过各个传感器测得的汽车行驶情况和驾驶人的操作方式,经过运算分析,自动选择采用经济模式、常规模式或动力模式进行换档控制,以满足不同的驾驶操作要求。ECU在进行自动模式选择控制时,主要参考变速杆的位置及加速踏板被踩下的速率,以判断驾驶人的操作目的,自动选择控制模式。

1) 当变速杆位于S或L位时,ECU只选择动力模式。

2) 变速杆位于D位,当加速踏板被踩下的速率较低时,ECU选择经济模式;当加速板被踩下的速率超过控制程序中所设定的速率时,ECU由经济模式转变为动力模式。ECU将车速和节气门开度的组合分为一定数量的区域,每个区域有不同的节气门开启速率的程序设定值。车速越低或节气门开度越大时,其设定值越小,也就容易选择动力模式。

3) 变速杆位于D位,ECU选择动力模式时,一旦节气门开度低于1/8,换档规律即由动力模式转换为经济模式。

5. 换档平顺性控制

ECU可以采用多种方法来控制自动变速器的换档过程,以改善换档平顺性,提高汽车的乘坐舒适性。目前常见的改善换档平顺性的控制方法有以下几种:

(1) 换档油压控制　在升档或降档的瞬间,通过油压电磁阀适当降低主油路油压,以减小换档冲击,改善换档平顺性。

(2) 转矩控制　在换档瞬间,通过延迟发动机的点火时间或减少喷油量,暂时减小发动机的输出转矩,以减小换档冲击和输出轴的转矩波动。

(3) N-D 换档控制　在变速杆由 P 位或 N 位换至 D 位或 R 位,或由 D 位或 R 位换至 P 位或 N 位时,通过调整发动机的喷油量,将发动机的转速变化减至最小限度,以减小换档冲击和输出轴的转矩波动。

6. 故障自诊断和失效保护

ECU 在汽车行驶过程中不断地监测自动变速器电子控制系统的工作,一旦发现某个传感器或执行器有故障、工作不正常,立即采取以下保护措施:在汽车行驶时,仪表盘上的自动变速器故障警告灯亮起,提醒驾驶人立即将汽车送至维修厂检修;将检测到的故障内容以故障码的形式储存在 ECU 的存储器中,以便检修人员读取故障码,为查找故障部位提供可靠的依据;按设定的失效保护程序控制自动变速器的工作,保持汽车的基本行驶能力。

项目实施

任务 1　01M 自动变速器的拆装与检修

【任务目标】

1. 知道 01M 自动变速器的结构组成和工作原理。
2. 熟练运用工具对自动变速器进行拆装与检修。

【任务准备】

01M 自动变速器、变速器翻转台架、01M 自动变速器拆装专用工具和通用工具。

【任务实施】

一、01M 自动变速器的拆解

1. 拆卸滑阀箱

滑阀箱的结构如图 4-43 所示。

(1) 排放自动变速器油　如图 4-44 所示。

1) 将机油收集槽放到变速器下面。

2) 拆下螺塞 2。

3) 拆下溢流管 1 并排放自动变速器油。

4) 装上溢流管并将其拧至台肩处。

(2) 更换螺塞密封圈　如图 4-45 所示。

1) 用端面切刀切断密封圈(图中箭头所示),更换该密封圈。

2) 用手拧紧带有新密封圈的螺塞,以便加注自动变速器油。

项目四 液力自动变速器的构造与检修

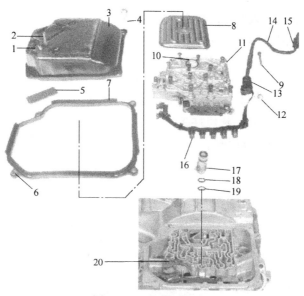

图 4-43 滑阀箱的结构

1—螺塞 2—溢流管 3—油底壳 4—螺栓（12N·m） 5—磁铁 6—隔套 7—密封垫
8—自动变速器油滤网 9—螺栓（5N·m） 10—密封圈 11—滑阀箱 12—螺栓（10N·m）
13、18、19—O 形圈 14—传输线 15—电线输入插头 16—电磁阀插头 17—密封塞 20—手动阀操纵杆

图 4-44 排放自动变速器油
1—溢流管 2—螺塞

图 4-45 更换螺塞密封圈

（3）拆卸传输线 如图 4-46 所示。

图 4-46 拆卸传输线

1)将专用工具 3373 插入电磁阀插头并插到底。
2)接箭头方向用专用工具 3373 拔下插头。
(4)拆卸滑阀箱与操纵杆　如图 4-47 所示。
1)拆卸操纵杆固定螺栓 3。
2)拆卸滑阀箱时,手动阀 1 仍留在滑阀箱内。
3)拔出手动阀,直到可取下操纵杆 2。
4)固定手动阀,以防止其脱落。
(5)拆卸密封塞　如图 4-48 所示。

图 4-47　拆卸滑阀箱与操纵杆
1—手动阀　2—操纵杆　3—操纵杆固定螺栓

图 4-48　拆卸密封塞

拆卸单向离合器前,应从变速器壳体上拔下密封塞,否则会损坏密封塞和 O 形圈。
(6)滑阀箱标记　如图 4-49 所示,代码打在凸起部位,凸起部位必须与滑阀箱相对应。
(7)拆卸行星轮后端盖　如图 4-50 所示。

图 4-49　滑阀箱标记

图 4-50　拆卸行星轮后端盖

2. 拆卸自动变速器液压泵与隔离管

自动变速器液压泵到隔离管的结构如图 4-51 所示。
1)拆下自动变速器液压泵螺栓。

项目四 液力自动变速器的构造与检修

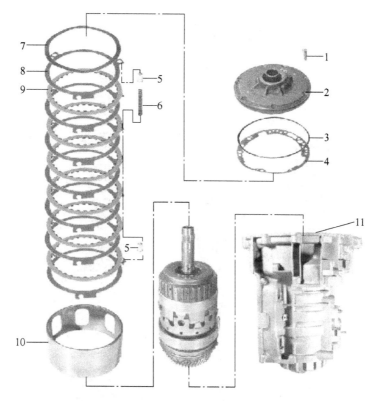

图 4-51 自动变速器液压泵到隔离管的结构
1—螺栓 2—带制动器 B_2 活塞的自动变速器液压泵 3—O 形圈 4—密封垫 5—弹簧盖
6—弹簧 7—垫圈 8—B_2 钢片 9—B_2 摩擦片 10—隔离管 11—变速器壳体

2）将 M8 螺栓拧入自动变速器液压泵螺栓孔内,将自动变速器液压泵从变速器壳体中压出,如图 4-52 所示。把带有隔离管、B_2 制动片、弹簧和弹簧盖的制动器拔出。

3. 拆卸离合器 K_1、K_2、K_3 与大太阳轮

倒档离合器 K_2 到大太阳轮的结构如图 4-53 所示。

1）拆卸离合器 K_2、K_1、K_3。
2）松开小输入轴螺栓。
3）拆下小输入轴上的螺栓和调整垫圈,行星架的推力滚针轴承留在变速器/主动齿轮内。
4）拔下小输入轴。
5）拔出大输入轴。
6）拔出大太阳轮。

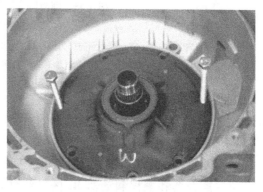

图 4-52 拆卸自动变速器液压泵

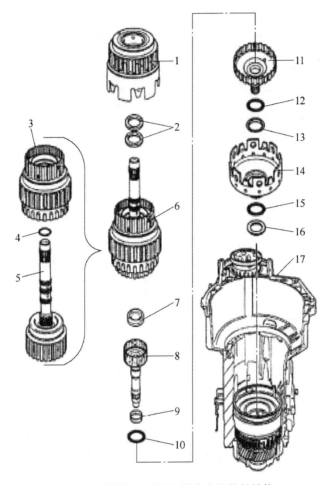

图 4-53 倒档离合器 K_2 到大太阳轮的结构

1—倒档离合器 K_2 2—调整垫圈 3——至三档离合器 K_1 4—O 形圈 5—带涡轮轴的四档离合器 K_3
6——至四档离合器总成 7—带垫圈的推力滚针轴承 8—小输入轴 9—滚针轴承 10、12、15—推力滚针轴承
11—大输入轴 13、16—推力滚针轴承垫圈 14—大太阳轮 17—变速器壳体

注意：拆小输入轴之前应先拆后端盖，松开小输入轴螺栓时要用螺钉旋具卡住大太阳轮，如图 4-54 所示。

4. 拆卸单向离合器和倒档制动器 B_1

单向离合器和倒档制动器 B_1 的结构如图 4-55 所示。

1）拆卸单向离合器前，应先拆下变速器转速传感器 G38。

2）拆下弹性挡圈。

3）用钳子从变速器壳体上拔下在定位楔上的单向离合器。

图 4-54 卡住大太阳轮

项目四 液力自动变速器的构造与检修

5. 拆卸行星架和主动齿轮

行星架和主动齿轮的结构如图 4-56 所示。

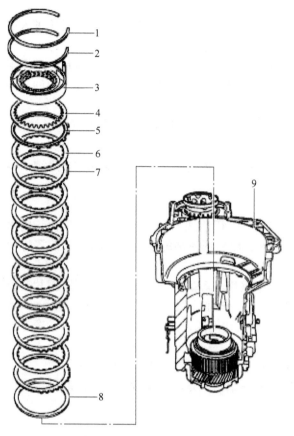

图 4-55 单向离合器和倒档制动器 B_1 的结构

1、2—弹性挡圈 3—单向离合器 4—碟形弹簧
5—B_1 压片 6—B_1 摩擦片 7—B_1 钢片
8—调整垫片 9—变速器壳体

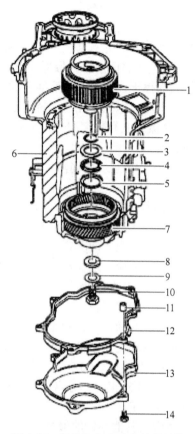

图 4-56 行星架和主动齿轮的结构

1—行星架 2—O 形圈 3、5—推力滚针轴承垫圈
4—推力滚针轴承 6—变速器壳体 7—主动齿轮
8—行星架调整垫片 9—垫圈 10—螺栓（30N·m）
11—隔套 12—密封垫 13—端盖 14—螺栓（8N·m）

1）拆下带碟形弹簧的行星架。

2）拆下主动齿轮。

二、行星排、单向离合器的检修

1）检查太阳轮、行星轮和齿圈的齿面，如有磨损或疲劳剥落，应更换整个行星排。

2）检查行星轮和行星架之间的间隙，其标准间隙为 0.2~0.6mm，最大不得超过 1.0mm，否则应更换止推垫片或行星架和行星轮组件。

3）检查太阳轮、行星架、齿圈等零部件的轴颈或滑动轴承处有无磨损，如有异常，应更换新件。

4）检查单向离合器，如楔块破裂、保持架断裂或内外环滚道磨损起槽，应更换新件；如果在锁止方向上打滑或在自由转动方向上卡滞，也应更换新件。

三、多片离合器的检修

1. 摩擦片的使用极限

1）摩擦片上的沟槽用于储存自动变速器油,沟槽磨平后,自动变速器油将无法进入摩擦片与钢片之间,导致磨损速度急剧加快,故沟槽磨平后必须更换摩擦片。

2）摩擦片表面上有一层保持自动变速器油的含油层。对于新拆下来的摩擦片,用无毛布将其表面擦干,用手轻按摩擦表面时应有较多的自动变速器油溢出。轻按时如不出油,则说明含油层已被抛光,无法保持自动变速器油,必须更换摩擦片。

3）摩擦片上有数字记号,记号磨掉后必须更换。摩擦片翘曲变形、表面发黑(烧蚀)也必须更换。

4）摩擦片出现表面剥落、有裂纹、内花键被拉毛、内花键齿掉齿等现象时,必须予以更换。

2. 摩擦片装配时的注意事项

1）摩擦片还可以继续使用的,需单独进行清洗。用清洗剂彻底清洗后,要用清洁的水反复冲洗零件表面,使其表面不含残存的清洗剂,然后用清洁的压缩空气将所有的零件吹干,再在表面上涂一层自动变速器油,等待装配。

2）装配前要在洁净的自动变速器油中浸泡摩擦片。新摩擦片要浸泡2h,旧摩擦片要浸泡15~30min。浸泡后每个摩擦片会膨胀0.03mm,工作时每个摩擦片还会膨胀0.03mm。若不浸油或浸油时间过短,则无法得到正确的离合器工作间隙;离合器刚开始工作时,摩擦片还会因缺乏自动变速器油的保护而加剧磨损。

3）旧片要换位。如使用旧摩擦片,装配时最里面的和最外面的摩擦片最好换位。

4）缺口要对正。部分离合器摩擦片花键上有一缺口,是动平衡标记,装配时要注意将各片的缺口对正。

3. 离合器其他零件的检查

(1) 回位弹簧的检查　回位弹簧主要检查其自由长度,若弹簧变形、过短、折断,则必须更换。

(2) 钢片的检查　钢片上的齿要完好,不能拉毛,拉毛易造成卡滞。钢片表面如有蓝色过热的斑迹,则应检查其是否变形。出现变形或表面有裂纹的必须更换。

4. 离合器间隙的检查

离合器活塞的工作行程就是离合器的工作间隙。检查离合器间隙时,可以使用塞尺。把塞尺伸入卡环和压盘之间,即可测出离合器工作间隙。

四、制动器的检修

1. 制动带的检查

(1) 外观检查　若表面有缺陷、碎屑、不均匀磨损、摩擦材料剥落、摩擦材料上印刷数字涂销、掉色、烧蚀痕迹,则必须更换制动带。

(2) 液体吸附能力检查　用无毛布把制动带表面的油擦掉后,用手轻按制动带摩擦表面,应能溢出油,溢出的油越多,说明摩擦表面含油性越好。如轻压后没有油溢出,则说明制动带表面的含油层已被磨损,如继续使用将很快烧蚀,必须予以更换。

2. 制动鼓的检查

铸铁制动鼓的摩擦表面如有刻痕,可用180号石英砂布沿旋转方向打磨;钢板冲压的制动鼓如磨损变形,则必须予以更换。

五、01M 变速器的组装和调整

1. 安装行星架和主动齿轮

1)将 O 形圈装入行星架,如图 4-57 所示。
2)将带垫圈的推力滚针轴承和行星架装入主动齿轮,如图 4-58 所示。

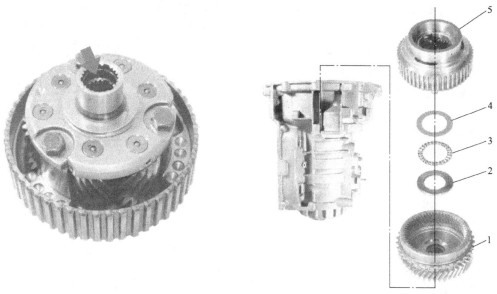

图 4-57 将 O 形圈装入行星架

图 4-58 将带垫圈的推力滚针轴承和行星架装入主动齿轮
1—主动齿轮 2、4—推力滚针轴承垫圈 3—推力滚针轴承 5—行星架

3)将垫圈和推力滚针轴承装入行星架的小太阳轮,如图 4-59 所示。

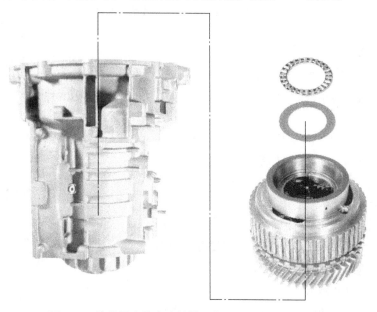

图 4-59 将垫圈和推力滚针轴承装入行星架的小太阳轮

4)使垫圈和推力滚针轴承与小太阳轮中心对齐。

2. 安装单向离合器和倒档制动器 B_1

1)装入倒档制动器 B_1 的摩擦片和钢片。

2)装入压板,扁平面朝制动片组。压板厚度按制动片数量不同而有所不同。

3)装入碟形弹簧,凸起面朝向单向离合器,如图4-60所示。

4)用专用工具3267张开单向离合器楔块并装上单向离合器,如图4-61所示。

5)安装单向离合器弹性挡圈2和隔离管弹性挡圈1,如图4-62所示,弹簧挡圈开口对准定位楔(图中箭头所示)。

图4-60 装入碟形弹簧

图4-61 用专用工具3267安装单向离合器

6)安装变速器转速传感器G38。

3. 安装离合器 K_1、K_2、K_3 与大太阳轮

1)将大太阳轮到小输入轴间的零件装入变速器壳体,如图4-63所示。

2)安装带有垫圈和调整垫圈的小输入轴螺栓,拧紧力矩为30N·m,如图4-64所示。

说明:将调整垫圈3装到小输入轴台肩上,确定调整垫圈厚度。

3)将带垫圈的推力滚针轴承装到四档离合器 K_3 上,如图4-65所示。用自动变速器油浸湿推力滚针轴承垫圈,以便安装时轴承粘到 K_3 上。

4)安装四档离合器 K_3。

5)将O形圈装入槽内,如图4-66所示,O形

图4-62 安装弹性挡圈
1—隔离管弹性挡圈 2—单向离合器弹性挡圈

圈必须更换新的。

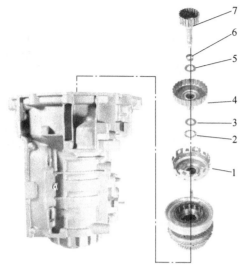

图 4-63　将大太阳轮到小输入轴间的零件装入变速器壳体
1—大太阳轮　2—推力滚针轴承垫圈　3、5—推力滚针轴承
4—大输入轴　6—调心滚针轴承　7—小输入轴

图 4-64　安装小输入轴螺栓
1—小输入轴螺栓　2—垫圈　3—调整垫圈

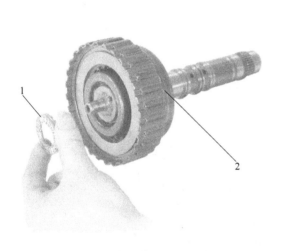

图 4-65　安装推力滚针轴承
1—带垫圈的推力滚针轴承　2—四档离合器 K_3

图 4-66　安装O形圈

6）装入一至三档离合器 K_1，如图 4-67 所示。

7）将调整垫圈装入 K_1（安装此调整垫圈时，需要先调整离合器 K_1 和离合器 K_2 之间的间隙）。

注意：更换 K_1、K_2 或自动变速器液压泵后，需重新测量调整垫圈厚度；可用 1 个或 2 个调整垫圈。

8）装入倒档离合器 K_2，如图 4-68 所示。

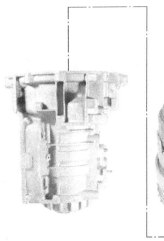

图 4-67　装入一至三档离合器 K_1　　　　图 4-68　装入倒档离合器 K_2

4. 安装自动变速器液压泵与隔离管

1）装入隔离管，应使隔离管上的槽进入单向离合器的楔块。

2）安装制动器 B_2 的制动片。

3）安装自动变速器液压泵密封垫。

4）将 O 形圈装到自动变速器液压泵上。

5）安装自动变速器液压泵，如图 4-69 所示。

6）均匀交叉拧紧螺栓，如图 4-70 所示。

注意：勿损坏 O 形圈，拧紧力矩为 8N·m，螺栓拧紧后再拧 90°。

7）测量单向离合器间隙，如图 4-71 所示。

图 4-69　安装自动变速器液压泵

图 4-70　均匀交叉拧紧螺栓　　　　图 4-71　测量单向离合器间隙

5. 安装滑阀箱与油底壳

1）安装滑阀箱，按图 4-72 所示铺设传输线，勿折叠或扭转传输线。

2）安装自动变速器油滤网，将自动变速器油滤网牢固压到滑阀箱上，如图4-73所示。

 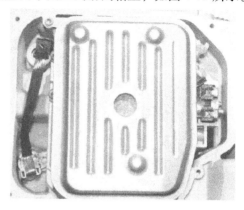

图4-72　安装滑阀箱　　　　　　　图4-73　安装自动变速器油滤网

3）安装密封垫和隔套。
4）安装自动变速器溢流管和螺塞。
5）安装油底壳与行星轮后端盖。

任务2　液压控制系统的检修

【任务目标】

1. 熟悉拆卸液压泵的注意事项。
2. 学会使用相关的操作工具。
3. 掌握液压泵的检修项目和操作方法

【任务准备】

自动变速器液压泵、控制阀体、检测用仪器（钢直尺、塞尺等）。

【任务实施】

1. 液压泵的检修

1）用塞尺测量从动齿轮与泵壳之间的间隙，如图4-74所示。

2）用塞尺测量从动齿轮齿顶与月牙形隔板之间的间隙，如图4-75所示。

3）用钢直尺和塞尺测量主动齿轮与从动齿轮的侧隙，如图4-76所示。

如果各工作间隙超过规定值，应更换液压泵。

2. 阀板的检修

阀板是自动变速器中最精密的部件之一，其性能的好坏直接影响自动变速器的换档规律。只有在自动变速器换

图4-74　测量从动齿轮与泵壳之间的间隙

档规律失常，摩擦片严重烧毁，或者阀板内粘有大量摩擦粉末时，才对阀板进行拆检修理。

图 4-75　测量从动齿轮齿顶与月牙形隔板之间的间隙

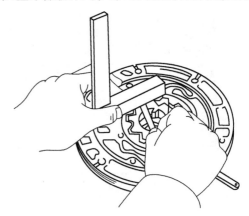

图 4-76　测量主动齿轮与从动齿轮的侧隙

3. 变速器油冷却器的检修

1）检查变速器油冷却器及油管接头处有无漏油，若漏油，应更换相应接头处的 O 形圈。

2）检查冷却器是否堵塞。冷却器堵塞后，自动变速器油无法进行大循环，将使自动变速器油因工作温度过高而发生氧化。如发现自动变速器油温过高，应拆下自动变速器上的冷却管，用压缩空气向冷却器的一侧加压。如压缩空气能将冷却器中的碎屑清除，就不用清洗或更换冷却器；如压缩空气不能将冷却器中的碎屑清除干净，则必须清洗或更换冷却器。

任务 3　自动变速器油的检查与更换

【任务目标】

1. 掌握自动变速器油的检查方法。
2. 学会使用相关的操作工具进行自动变速器油的更换。

【任务准备】

整车一辆、自动变速器油、自动变速器油加注器、常用工具。

【任务实施】

1. 检查自动变速器油油面高度

1）将汽车停放在水平地面上，拉紧驻车制动器，让发动机怠速运转至少 1min。

2）踩住制动踏板，将变速杆拨至各档，并在每个档位上停留数秒，使液力变矩器和所有换档执行元件中都充满自动变速器油。最后将变速杆拨至 P 位。

3）从加油管内拔出自动变速器油尺，擦净后插入加油管内再拔出，检查油尺上的油面高度。

4）如果自动变速器处于冷态（即冷车刚刚起动，自动变速器油温低于 25℃），油面高度应在油尺刻线上 C(cool) 刻度范围的中间偏上位置；如果自动变速器处于热态（自动变速器油温已达到 70~80℃），油面高度应在机油尺刻线上 H（hot）刻度范围的中间偏上位置。

5）若油面过低，应向加油管中补充自动变速器油，直到油面高度符合标准为止。继续运转发动机，检查自动变速器油底壳、油管接头等处有无漏油，若有漏油，应立即修复。

2. 检查自动变速器油质量

在检查油面高度的同时，应对自动变速器油的质量进行检查。将油尺上的自动变速器油滴在干净的白纸上，从颜色、气味和杂质三个方面来判断自动变速器油的质量。正常自动变速器油为鲜红色，油质清澈纯净；如自动变速器油颜色变黑、有烧焦味且含有杂质或气泡，则应更换。

3. 自动变速器油的更换

1）拆下自动变速器油底壳上的放油螺塞，将油放净。
2）拆下油底壳，并清洗干净。
3）拆下自动变速器散热器油管接头，用压缩空气将散热器中的残余油液吹出。
4）装好油管接头、油底壳和放油螺塞。
5）从加油管中加入规定牌号的自动变速器油。
6）起动发动机，将变速杆从 P 位换到所有的档位后，再换入 P 位，检查自动变速器油的高度，应位于油尺刻线的下限附近。
7）使发动机和自动变速器达到正常的工作温度（70~80℃），再次检查油面高度，应位于油尺刻线的上限附近。
8）若不慎加油过多，造成油面过高，应排放一些，切不可凑合使用。因为油面过高，行驶时油液被行星排剧烈搅动，产生大量泡沫，这些带泡沫的自动变速器油进入液压泵和控制系统后，会造成油压过低，导致执行元件打滑。此外，还会影响执行元件的平顺分离和换档稳定性，对自动变速器的工作不利。

任务 4　电子控制系统的检测

【任务目标】

1. 掌握常见传感器、执行器的作用和工作原理。
2. 熟练运用工具对传感器和执行器进行检修。

【任务准备】

装有 01M 自动变速器的整车、维修资料、故障诊断仪、万用表

【任务实施】

1. 车速传感器的检测

1）用万用表测量车速传感器两接线柱之间的电阻是否符合要求，如图 4-77 所示。
2）用手转动悬空的驱动轮，同时用万用表测量车速传感器两接线柱之间有无脉冲感应电压。若万用表指针有摆动，则说明传感器有输出脉冲，其工作正常，否则应更换传感器。

2. 输入轴转速传感器的检测

测量输入轴转速传感器输出脉冲时,应将传感器拆下,用一根铁棒或一块磁铁迅速靠近或离开传感器,同时用万用表测量传感器两接线柱之间有无脉冲感应电压,如图 4-78 所示。如没有感应电压或感应电压很微弱,则说明传感器有故障,应更换。

图 4-77 车速传感器检测

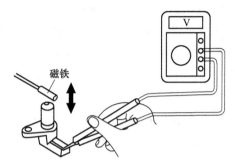

图 4-78 输入轴转速传感器检测

3. 变速器油温传感器的检测

拆下变速器油温传感器,将传感器置于有水的烧杯中,加热杯中的水,同时测量在不同温度下传感器两接线柱之间的电阻,如图 4-79 所示。将测量的电阻值与标准相比,如果不符合标准,则应更换传感器。

4. 档位开关的检测

拔下档位开关的线束插接器,将手动阀摇臂拨至各个档位,同时用万用表测量档位开关线束插座内各插孔之间的导通情况,如图 4-80 所示。将测量结果与标准值进行比较,如有不符,就应重新调整档位开关。

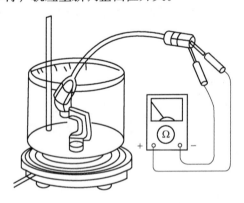

图 4-79 变速器油温传感器检测

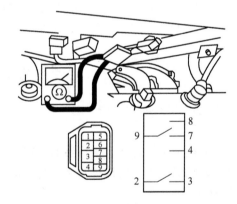

图 4-80 档位开关检测

5. 超速档开关的检测

拆下超速档开关插接器,用万用表欧姆档检查超速档开关端子 1、2 之间的电阻,如图 4-81 所示。正常情况是:超速档开关置于 ON 位置时,电阻无穷大;置于 OFF 位置时,电阻为 0。

6. 强制降档开关的检测

将点火开关置于 ON 位置,在加速踏板完全踩下或松开时,测量 ECU 端子 KD 与车身接

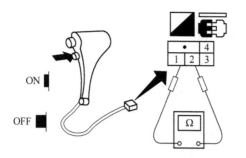

图 4-81 超速档开关检测

地之间的电压,如图 4-82 所示。加速踏板完全踩下时,电压应小于 1V;加速踏板松开时,电压应为 10~14V。

7. 电磁阀的检修

开关式电磁阀的检修方法如下:

(1) 检查电磁阀的电阻 断开电磁阀插接器,测量电磁阀端子和车身搭铁之间的电阻,如图 4-83a 所示。

(2) 检查电磁阀的工作 用蓄电池给电磁阀通电,检查其工作是否有响声。

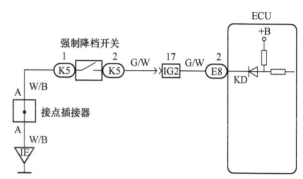

图 4-82 强制降档开关检测

(3) 检查电磁阀是否漏气 对电磁阀施加 0.5MPa 的压缩空气,检查电磁阀是否漏气,如图 4-83b 所示。如果不符合规定,则应更换电磁阀。

对于脉冲式电磁阀,由于线圈的电阻很小,故不可与 12V 蓄电池直接相连,否则容易烧毁电磁阀线圈。如图 4-84 所示,在蓄电池正极串联一个 8~10W 的灯泡,并将其接于电磁阀的一端。当将蓄电池另一端与电磁阀接通时,电磁阀应向外伸出;断开时,电磁阀应缩回,否则应更换电磁阀。

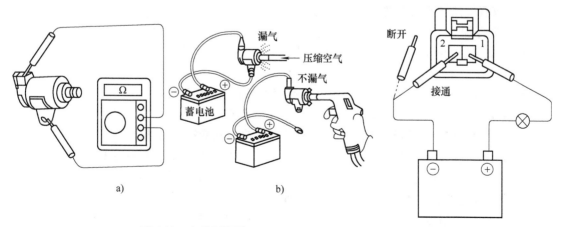

图 4-83 电磁阀检测   图 4-84 脉冲式电磁阀动作检查

课 后 习 题

一、填空题

1. 自动变速器按照结构和控制方式不同，可以分为_____、_____、_____。
2. 自动变速器主要由_____、齿轮变速传动装置、_____、_____组成。
3. 液力变矩器通过_____来传递动力。
4. 自动变速器的变速杆位于_____位和_____位时，发动机才能起动。
5. 液力变矩器的工作轮包括_____、_____、_____。
6. 液力变矩器工作轮中，_____是主动轮，_____是从动轮。
7. 液力变矩器在导轮机构中增设了_____，起单向导通的作用；设置_____可以提高液力变矩器的传动效率，改善经济性。
8. 单排行星齿轮机构的三个基本构件是_____、_____、_____。
9. 行星齿轮变速器的换挡执行元件包括_____、_____、_____。
10. 目前广泛应用的两种类型的复合式行星齿轮传动装置是：_____、_____。
11. 在单排行星齿轮机构中，齿圈固定，太阳轮主动，行星架被动实现_____传动；太阳轮固定，齿圈主动，行星架被动实现_____传动；行星架固定，太阳轮主动，齿圈被动实现_____传动；若三构件中的任意两构件被连接在一起，则第三构件必然与这两者以_____转速_____方向转动，传动比等于_____；若所有构件均不受约束，则行星齿轮机构失去传动作用，此种状态相当于_____。
12. 辛普森式行星齿轮传动装置结构特点：前后两个行星排的齿轮参数_____；前后两个_____连成一体，称为_____组件；前行星架与后_____相连，作为输出组件。
13. 自动变速器液压控制系统的基本组成包括_____、_____和_____。
14. 液压泵通常由曲轴通过_____驱动，常见的液压泵有_____、_____和_____三种形式。
15. 改善换挡平顺性控制的方法有：_____、_____、_____。

二、选择题

1. 多数自动变速器有（　　）个前进位。
   A. 2　　　　　　B. 3　　　　　　C. 4　　　　　　D. 5
2. 以下所列四个字母中，（　　）在自动变速器上表示前进位。
   A. P　　　　　　B. N　　　　　　C. R　　　　　　D. D
3. 车用自动变速器主要根据（　　）两个信号来自动变换各前进位。
   A. 车速和节气门开度　　　　　　B. 机油压力和冷却液温度
   C. 发动机转速和机油温度　　　　D. 车速和机油压力
4. 自动变速器的液压泵一般由（　　）驱动。
   A. 液力变矩器外壳　　B. 泵轮　　C. 变速器外壳　　D. 导轮
5. 液力变矩器的部件中，驱动变速器输入轴的是（　　）。
   A. 导轮　　　　　B. 泵轮　　　　　C. 变矩器外壳　　　　D. 涡轮

6. (　　) 使液压油冲击涡轮。
   A. 导轮　　　　B. 泵轮　　　　C. 变速器液压泵　　D. 涡轮
7. 从液力变矩器的外特性曲线可以看出，随着涡轮转速的提高，其转矩逐渐减小，当涡轮转速等于零时，涡轮转矩（　　）。
   A. 最大　　　　B. 最小　　　　C. 零　　　　D. 中等
8. 液力变矩器的作用是传递并增大发动机的（　　）。
   A. 转速　　　　B. 功率　　　　C. 传动比　　　　D. 转矩
9. 导轮重新引导液压油冲击泵轮叶片背部的目的是（　　）。
   A. 液力耦合　　　　　　　　　　B. 增大转矩
   C. 降低涡轮转速　　　　　　　　D. 以上三个都不正确
10. 液力变矩器的锁止特性是指当车速升高到一定值后，控制油液把（　　）锁为一体。
    A. 泵轮与涡轮　　　　　　　　B. 泵轮与导轮
    C. 泵轮与单向离合器　　　　　D. 涡轮与导轮
11. 液力自动变速器的缩写是（　　）。
    A. MT　　　　B. AT　　　　C. AF　　　　D. ATF
12. 自动变速器中常见的制动器是（　　）两种。
    A. 带式和湿式多片　　　　　　B. 带式和干式多片
    C. 带式和湿式单片　　　　　　D. 干式多片和湿式多片
13. 以下不属于行星齿轮变速装置组成部分的是（　　）。
    A. 减压阀　　　　B. 太阳轮　　　　C. 行星轮　　　　D. 内齿圈
14. 换档阀的位置取决于（　　）。
    A. 两端受力大小　　B. 电磁力　　C. 弹力
15. 自动变速器手动阀的作用是（　　）。
    A. 使离合器和制动器作用平稳　　B. 控制各档位油路的转换
    C. 配合发动机需要调整油压　　　D. 配合速度调整油压
16. 主油路油压与节气门开度（　　）。
    A. 有关　　　　B. 无关　　　　C. 低速时有关，高速时无关
17. 自动变速器的换档阀（　　）。
    A. 是一个压力调整阀　　　　　　B. 由驾驶人直接操控
    C. 是一个由调速油压控制的换向阀　D. 其构造是膜片形式
18. 技师甲说：在大多数自动变速器电子控制系统中，节气门开度是一个重要的输入信息；技师乙说：对于电子控制系统，车速是一个重要的输入信号；谁正确？（　　）
    A. 甲正确　　B. 乙正确　　C. 两人均正确　　D. 两人均不正确
19. 技师甲说：换档总是根据发动机和自动变速器当前的工况进行；技师乙说：自动换档是根据驾驶人的驾驶操作进行；谁正确？（　　）
    A. 甲正确　　B. 乙正确　　C. 两人均正确　　D. 两人均不正确
20. 节气门开度相同时，自动变速器在动力驾驶模式下的换档车速比常规驾驶模式下（　　）。
    A. 低　　　　B. 高　　　　C. 一样

21. 四档拉维娜式行星齿轮机构的长行星轮分别要与（　　）同时啮合。
    A. 行星架、前太阳轮、齿圈　　　　　　B. 前太阳轮、齿圈
    C. 后太阳轮、齿圈、短行星轮　　　　　D. 齿圈、前太阳轮、短行星轮
22. 自动变速器内（　　）的作用是制动。
    A. 手动阀　　　　B. 单向离合器　　　　C. 离合器　　　　D. 制动器
23. 装有自动变速器的汽车起动发动机时，变速杆应放在（　　）位。
    A. P 或 N　　　　B. D　　　　C. R　　　　D. 2 或 1
24. 在单排行星齿轮机构中，只有当（　　）时，才能获得倒档。
    A. 行星架固定，齿圈主动　　　　　　B. 行星架主动，太阳轮固定
    C. 齿圈固定，太阳轮主动　　　　　　D. 太阳轮主动，行星架固定

三、判断题

1. 检查自动变速器油面高度时，发动机应处于熄火状态。（　　）
2. 与手动变速器相比，装用自动变速器的汽车燃油经济性好。（　　）
3. 装用自动变速器的汽车在行驶时可将变速杆挂入 N 位高速滑行来节油。（　　）
4. 自动变速器和手动变速器的润滑油是通用的。（　　）
5. 液力变矩器在一定范围内，能自动无级地改变传动比和转矩比。（　　）
6. 液力变矩器在正常工作时，泵轮转速总是小于涡轮转速。（　　）
7. 只有当泵轮与涡轮的转速相等时，液力变矩器才能起传动作用。（　　）
8. 液力变矩器既可以传递转矩，又可以改变转矩。（　　）
9. 液力变矩器的变矩作用主要是通过导轮实现的。（　　）
10. 涡轮转速总是高于泵轮转速。（　　）
11. 单排行星齿轮机构要完成动力传递，须固定某一构件或连接某两个构件为一体或使某一构件以固定转速旋转。（　　）
12. 单向离合器可以单向连接或固定行星齿轮机构某构件。（　　）
13. 多片离合器可用于固定行星齿轮机构的某个构件使之不运转。（　　）
14. 单排行星齿轮机构齿圈固定，太阳轮主动，行星架被动实现同向减速传动。（　　）
15. 辛普森式行星齿轮变速器前后两个太阳轮连成一体。（　　）
16. 电子控制系统的主要执行器是电磁阀。（　　）
17. 目前的自动变速器在液力变矩器和发动机之间装有锁止系统，这两个部件锁止的效果类似于直接传动。（　　）
18. 锁止离合器的作用是在汽车低速行驶时，将液力传动变为直接传动，减少传动损失。（　　）
19. 当汽车在良好路面上行驶时，锁止离合器接合，使变矩器的输入轴和输出轴成为刚性连接，即转为机械传动。（　　）
20. 只有在车辆完全停稳后才可以将自动变速器的变速杆推入 P 位。（　　）

四、问答题

1. 液力变矩器由哪几个工作轮组成？其工作特点是什么？
2. 液力耦合器和液力变矩器各有何优点？
3. 简述单排行星齿轮机构的结构及其变速原理。

4. 简述离合器的结构及其工作原理。
5. 制动器有几种类型？结构和原理是什么？
6. 单向离合器和锁止离合器的作用是什么？
7. 简述液力自动变速器电子控制系统的组成和控制原理。
8. 辛普森式行星齿轮机构和拉维娜式行星齿轮机构的结构特点是什么？
9. 简述液力自动变速器 ECU 的功能。
10. 液力自动变速器的液压控制系统由哪几部分组成？
11. 如何更换自动变速器油？
12. 自动变速器如何进行换档平顺性控制？

项目五

直接换档变速器的构造与检修

【案例引入】

一辆 2015 年产的一汽大众迈腾 2.0TSI 轿车，搭载 02E 六档直接换档变速器，行驶里程 30 000km。用户反映该车冷车行驶一切正常，但行驶 2km 后，车辆会突然之间失去动力，同时仪表盘上档位显示区变成红屏。

【学习目标】

1. 能说明直接换档变速器的特点。
2. 知道直接换档变速器的组成和工作原理。
3. 会对直接换档变速器进行拆装、检测和更换。

【知识准备】

定轴式自动变速器中比较常见的是直接换档变速器（DSG，Direct Shift Gearbox），它是大众车系上应用较多的自动变速器。由于该变速器使用两组离合器，故又称双离合变速器（DCT），国内外各大品牌均有装备双离合变速器的车辆。

直接换档变速器将手动变速器和自动变速器的优点结合到一起，既具有自动变速器驾驶舒适性好、换档无冲击等优点，又兼具手动变速器传动效率高、结构强度好、动力性强、经济性好等优点。整体表现为自动换档更迅速，燃油消耗更低，动力表现更佳，换档更平顺。

目前直接换档变速器主要有七档 DSG（0AM 七档干式双离合变速器）和六档 DSG（02E 六档湿式双离合变速器）。

一、七档 DSG 的特点和工作原理

1. 七档 DSG 的特点

1）变速器结构模块化。离合器、机械电子模块和变速器分别构成一个单元，在结构上相对独立。

2）采用干式双离合器。采用与手动变速器类似的干式双离合器，有效地提高了传动效率。

3）机械电子模块和机械变速器具有单独的润滑油系统，一次性加注，无须更换。

4）变速器机械部分有两个输入轴、三个输出轴，形成七个前进档和一个倒档。

5）按需驱动的液压泵。变速器的液压泵采用电动机驱动，按照需要由计算机控制液压泵的动作。

6）无油/水热交换器。由于变速器机械电子模块和机械变速器的润滑油加注量较少，故没有自动变速器油/水热交换器。

2. 七档 DSG 的工作原理

七档 DSG 主要由两个相互独立的子变速器组成，如图 5-1 所示，每个子变速器的结构都与手动变速器相同，各有一个离合器。两个离合器都是干式离合器，由机械电子模块根据待挂档位进行控制。离合器 K_1、输入轴 1、输出轴 1 和一、三、五、七档传动齿轮等构成了子变速器 1；离合器 K_2、输入轴 2、输出轴 2、3 和二、四、六、倒档传动齿轮等构成了子变速器 2。

在工作过程中，始终有一个子变速器传递动力，另一个子变速器可换至下一档，因为该档的离合器处于分离状态。

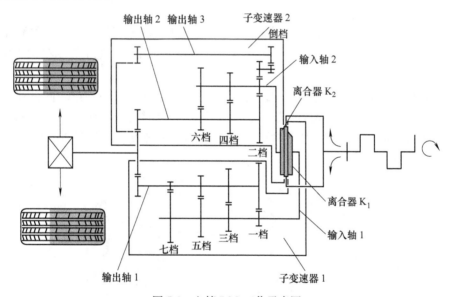

图 5-1　七档 DSG 工作示意图

二、七档 DSG 的组成

七档 DSG 由双离合器、机械变速器、控制系统（液压系统和电子控制单元）三部分组成。

1. 双离合器

（1）双离合器的结构　双离合器由两个传统的离合器接合在一起，包括一个驱动盘、两个离合器、两个离合器操纵杆和支承环等，如图 5-2 所示。离合器 K_1 和 K_2 位于驱动盘的两侧，离合器 K_1 通过花键毂安装到变速器输入轴 1 上，离合器 K_2 通过花键毂安装到变速器输入轴 2 上。

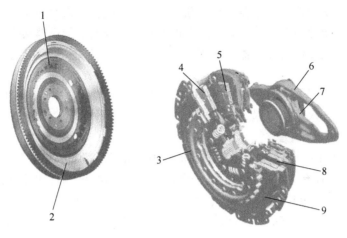

图 5-2 双离合器的结构

1—内齿轮 2—双质量飞轮 3—外齿轮 4—离合器 K_1 5—离合器 K_2
6—K_1 操纵杆 7—K_2 操纵杆 8—驱动盘 9—支承环

（2）双离合器的工作原理 每个离合器都可以单独实现分离和接合，与手动变速器所使用的离合器的工作状态相反，离合器处于常分离状态。工作时，电子控制单元按需要控制其中一个离合器接合。

1）离合器 K_1。未操纵离合器 K_1 时（图 5-3a），K_1 从动盘与驱动盘之间存在间隙，因为没有摩擦力，所以不能进行动力传输；当离合器 K_1 接合时（图 5-3b），K_1 操纵杆将 K_1 接合轴承压向 K_1 碟形弹簧，使 K_1 压盘被拉向 K_1 从动盘以及驱动盘，转矩通过驱动盘经 K_1 从动盘传递给输入轴 1。

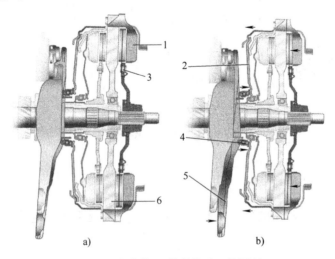

图 5-3 离合器 K_1 的结构及工作原理
a) 离合器分离 b) 离合器接合

1—K_1 压盘 2—K_1 碟形弹簧 3—K_1 从动盘 4—K_1 接合轴承 5—K_1 操纵杆 6—驱动盘

2）离合器 K_2。未操纵离合器 K_2 时（图 5-4a），K_2 从动盘与驱动盘之间存在间隙，因为没有摩擦力，所以不能进行动力传输；当离合器 K_2 接合时（图 5-4b），接合轴承压向碟形弹簧，由于碟形弹簧支承在离合器壳体上，因此 K_2 压盘压向驱动盘，转矩经 K_2 从动盘传递给输入轴 2。

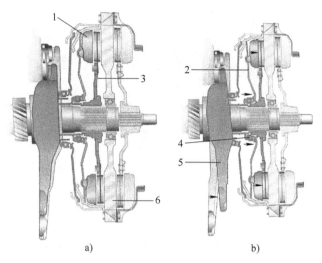

图 5-4　离合器 K_2 的结构及工作原理
a）离合器分离　b）离合器接合
1—K_2 压盘　2—K_2 碟形弹簧　3—K_2 从动盘　4—K_2 接合轴承　5—K_2 操纵杆　6—驱动盘

2. 机械变速器

0AM 七档 DSG 机械变速器的主要功能与手动变速器齿轮变速机构相同，即实现变速、变向及空档，而且其结构与手动变速器齿轮变速机构的结构相似，采用的都是普通圆柱齿轮，如图 5-5 所示。

机械变速器由五个平行的齿轮轴及轴上相互啮合的多对圆柱斜齿轮组成，其中有两个输入轴和三个输出轴，其结构展开如图 5-6 所示。输入轴 1 通过花键与离合器 K_1 连接，输入轴 2 通过花键与离合器 K_2 连接。输出轴 1、输出轴 2、输出轴 3 都是通过输出齿轮与差速器上的主减速器从动齿轮啮合的。变速器输出轴上有同步器，用于实现换档。

图 5-5　0AM 七档 DSG 机械变速器的结构

（1）输入轴　变速器的输入轴 1 和输入轴 2 为同轴布置，输入轴 2 为空心轴，输入轴 1 穿过中空的输入轴 2，如图 5-7 所示。每个输入轴上都有一个将其支承在变速器壳体内的球轴承。

1）输入轴 1。输入轴 1 上有一、三、五、七档的主动齿轮和变速器输入轴 1 的转速传感器 G632 的磁性脉冲信号轮，信号轮用于获取变速器输入轴 1 的转速，如图 5-8 所示。

2）输入轴 2。输入轴 2 上只有两个圆柱齿轮，作为二、四、六档和倒档的主动齿轮，

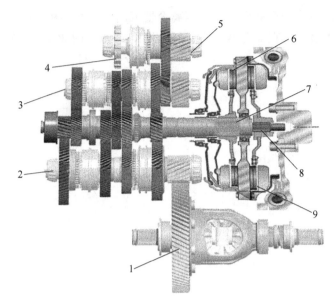

图 5-6 0AM 七档 DSG 机械变速器展开图

1—差速器 2—输出轴 1 3—输出轴 2 4—P 位锁止机构齿轮 5—输出轴 3
6—离合器 K_2 7—输入轴 2 8—输入轴 1 9—离合器 K_1

二档和倒档共用一个主动齿轮,四档和六档共用一个主动齿轮。输入轴 2 上还有变速器输入轴 2 的转速传感器 G612 的齿轮脉冲信号轮,用于获取变速器输入轴 2 的转速,如图 5-9 所示。

（2）输出轴

1）输出轴 1。输出轴 1 上有一、二、三、四档从动齿轮,一/三档同步器、二/四档同步器和输出齿轮,如图 5-10 所示。输出轴 1 上的一、三档从动齿轮与输入轴 1 上的一、三档主动齿轮常啮合,输出轴 1 的二、四档从动齿轮与输入轴 2 上的二、四档主动齿轮常啮合,输出齿轮作为主减速器的主动齿轮与差速器上的主减速器从动齿轮啮合。

2）输出轴 2。输出轴 2 上有五、六、七档从动齿轮,倒档中间齿轮 1、2,五/七档同步器、六/倒档同步器和输出齿轮,如图 5-11 所示。输出轴 2 上的五、七档从动齿轮与输入轴 1 上

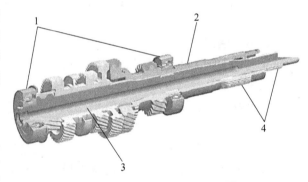

图 5-7 0AM 七档 DSG 的输入轴

1—轴承 2—输入轴 2 3—输入轴 1 4—花键

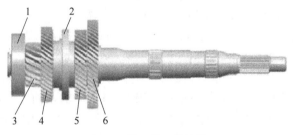

图 5-8 输入轴 1 的结构

1—轴承 2—传感器 G632 的磁性脉冲信号轮 3——档齿轮
4—五档齿轮 5—三档齿轮 6—七档齿轮

的五、七档主动齿轮啮合，输出轴 2 上的六档齿轮、倒档中间齿轮 1 与输入轴 2 上的六档、倒档主动齿轮啮合，倒档中间齿轮 2 与输出轴 3 上的倒档齿轮啮合，输出齿轮作为主减速器的主动齿轮与差速器上的主减速器从动齿轮啮合。五、六、七档从动齿轮和倒档中间齿轮 1、2 空套在输出轴 2 上，倒档中间齿轮 1、2 为刚性一体。

3）输出轴 3。输出轴 3 上有倒档从动齿轮、倒档同步器、P 位锁止机构齿轮和输出齿轮，如图 5-12 所示。

（3）同步器　同步器的作用是使接合套与待啮合的齿圈迅速同步，缩短换档时间，且防止在同步前啮合而产生冲击。同步器是由同步装置（推动件、摩擦件）、锁止装置、接合装置构成的。七档 DSG 短暂的换档时间与其采用的同步器有很大的关系。七档 DSG 也采用锁环式惯性同步器，其中一、二、三档同步器为三锥面同步器，四档同步器为双锥面同步器，五、六、七、倒档同步器为单锥面同步器。

与单锥面同步器相比，双锥面或三锥面同步器增大了摩擦力矩，换档同步效果更好，换档时间更短。三锥面同步器的结构如图 5-13 所示，其缩短了轴向的距离。就像齿轮的力矩分配一样，如果是单级齿轮传动，

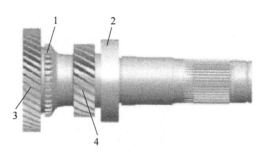

图 5-9　输入轴 2 的结构

1—传感器 G612 的齿轮脉冲信号轮　2—轴承
3—四/六档齿轮　4—二/倒档齿轮

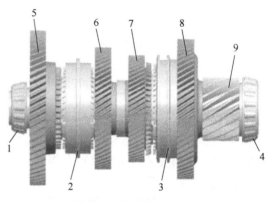

图 5-10　输出轴 1 的结构

1、4—轴承　2——/三档同步器　3—二/四档同步器
5——档齿轮　6—三档齿轮　7—四档齿轮
8—二档齿轮　9—输出齿轮

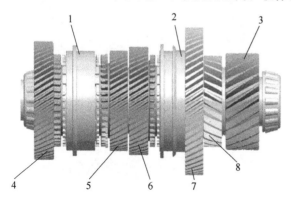

图 5-11　输出轴 2 的结构

1—五/七档同步器　2—六/倒档同步器　3—输出齿轮
4—五档齿轮　5—七档齿轮　6—六档齿轮
7—倒档中间齿轮 1　8—倒档中间齿轮 2

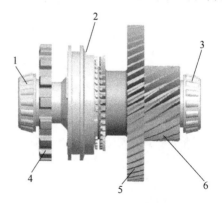

图 5-12　输出轴 3 的结构

1—轴承　2—倒档同步器　3—轴承
4—P 位锁止机构齿轮　5—倒档齿轮
6—输出齿轮

齿轮所受的力矩很大；如果设计成二级传动，齿轮传递同样的力矩，每一个齿轮所受的力矩相对于单级要小得多。三锥面同步器多用于中高档车的低档位上，可使换档更加顺畅，而且在拥挤的城市道路上，对频繁换档的变速器齿轮更是一种保护。

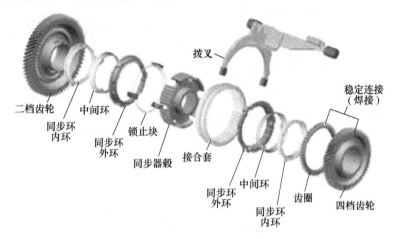

图 5-13　三锥面同步器

七档 DSG 与传统的手动变速器一样，都是由换档拨叉推动接合套，通过同步环使待啮合齿轮迅速同步，接合套完全与待啮合齿轮接合，完成换档过程，但其行驶中没有动力中断。

同步器由换档拨叉控制，0AM 七档 DSG 共有五个同步器、四个换档拨叉轴，变速器的结构及换档拨叉如图 5-14 所示。

换档机构如图 5-15 所示，换档拨叉和活塞相连，为实现档位的变换，油压被供应到活塞上，推动活塞移动。当活塞移动时，换档拨叉和接合套也随之移动，完成换档。通过永久磁铁和档位传感器，变速器电子控制单元能够准确地获得换档机构的当前位置。

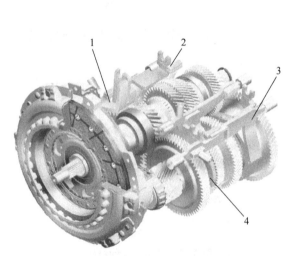

图 5-14　0AM 七档 DSG 的结构及换档拨叉
1—六/倒档换档拨叉　2—五/七档换档拨叉
3—一/三档换档拨叉　4—二/四档换档拨叉

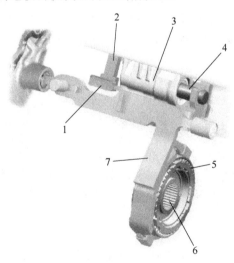

图 5-15　换档机构
1—永久磁铁　2—档位传感器　3—档位选择活塞缸
4—档位选择活塞　5—接合套
6—同步器毂　7—换档拨叉

（4）档位及动力传递路线 0AM 七档 DSG 的换档过程包括离合器切换和档位切换，顺序为先进行档位切换，然后控制离合器。当变速器处于一个档位行驶时，控制系统会提前将下一个档位的同步器接合，在换档时刻只进行离合器的切换，两个离合器则同时进行分离或接合的控制。因此换档过程中没有动力完全切断的过程，能够保证换档平顺性及良好的动力性。

0AM 七档 DSG 各档位及动力传递路线如下：

1）一档：一/三档同步器挂入一档，离合器 K_1 接合，动力依次经过发动机曲轴、双质量飞轮、离合器 K_1、输入轴 1 的一档主动齿轮、输出轴 1 的一档从动齿轮、输出轴 1 的输出齿轮、差速器主减速齿轮，如图 5-16 所示。

2）二档：二/四档同步器挂入二档，离合器 K_2 接合，动力依次经过发动机曲轴、双质量飞轮、离合器 K_2、输入轴 2 的二档主动齿轮、输出轴 1 的二档从动齿轮、输出轴 1 的输出齿轮、差速器主减速齿轮，如图 5-17 所示。

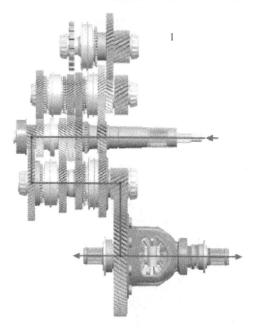
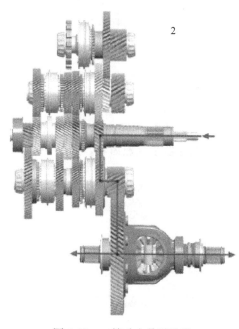

图 5-16　一档动力传递路线　　　　图 5-17　二档动力传递路线

3）三档：一/三档同步器挂入三档，离合器 K_1 接合，动力依次经过发动机曲轴、双质量飞轮、离合器 K_1、输入轴 1 的三档主动齿轮、输出轴 1 的三档从动齿轮、输出轴 1 的输出齿轮、差速器主减速齿轮，如图 5-18 所示。

4）四档：二/四档同步器挂入四档，离合器 K_2 接合，动力依次经过发动机曲轴、双质量飞轮、离合器 K_2、输入轴 2 的四档主动齿轮、输出轴 1 的四档从动齿轮、输出轴 1 的输出齿轮、差速器主减速齿轮，如图 5-19 所示。

5）五档：五/七档同步器挂入五档，离合器 K_1 接合，动力依次经过发动机曲轴、双质量飞轮、离合器 K_1、输入轴 1 的五档主动齿轮、输出轴 2 的五档从动齿轮、输出轴 2 的输出齿轮、差速器主减速齿轮，如图 5-20 所示。

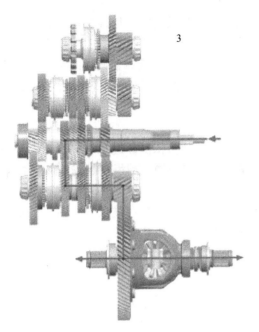 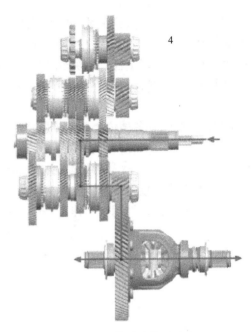

图 5-18　三档动力传递路线　　　　　图 5-19　四档动力传递路线

6）六档：六/倒档同步器挂入六档，离合器 K_2 接合，动力依次经过发动机曲轴、双质量飞轮、离合器 K_2、输入轴 2 的六档主动齿轮、输出轴 2 的六档从动齿轮、输出轴 2 的输出齿轮、差速器主减速齿轮，如图 5-21 所示。

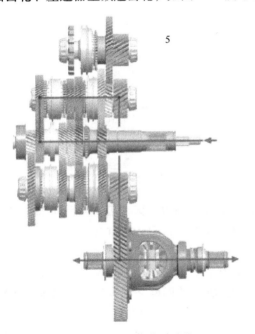 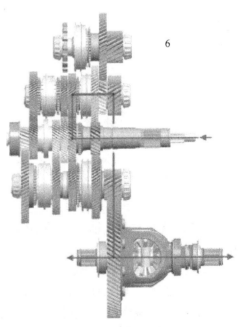

图 5-20　五档动力传递路线　　　　　图 5-21　六档动力传递路线

7）七档：五/七档同步器挂入七档，离合器 K_1 接合，动力依次经过发动机曲轴、双质量飞轮、离合器 K_1、输入轴 1 的七档主动齿轮、输出轴 2 的七档从动齿轮、输出轴 2 的输出齿轮、差速器主减速齿轮，如图 5-22 所示。

8）倒档：同步器挂入倒档，离合器 K_2 接合，动力依次经过发动机曲轴、双质量飞轮、离合器 K_2、输入轴 2 的倒档主动齿轮、输出轴 2 的倒档中间齿轮 1、倒档中间齿轮 2、输出轴 3 的倒档从动齿轮、输出轴 3 的输出齿轮、差速器主减速齿轮，如图 5-23 所示。

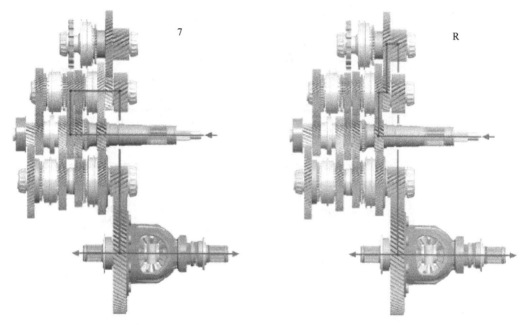

图 5-22　七档动力传递路线　　　　图 5-23　倒档动力传递路线

3. 控制系统

0AM 七档 DSG 的控制系统由液压系统和电子控制单元两部分组成，该变速器将这两部分集成为一个机械电子模块。

电子控制单元中汇集了所有传感器信号和其他控制单元的信号，用于引导和监控运行。电子控制单元中集成了十一个传感器，只有变速器输入转速传感器 G641 位于该控制单元之外。电子控制单元以液压方式控制和调节八个电磁阀，用以切换档位和操纵离合器。

（1）液压系统　0AM 七档 DSG 的液压系统由液压泵、液压泵电动机、压力传感器 G270、限压阀、换档阀、离合器控制阀以及单向阀、压力调节阀 N436、蓄能器等组成，如图 5-24 所示。

1）液压泵单元。液压泵单元安装在机械电子模块内，由一个液压泵和一个电动机组成，如图 5-25a 所示。液压泵电动机是无刷直流电动机，它由电子控制单元根据压力需求控制，电动机通过联轴器驱动液压泵。

液压泵为齿轮泵，其工作原理如图 5-25b 所示，液压泵抽吸液压油，然后以大约 7MPa 的压力将液压油压入循环油路，液压油在泵壳与齿隙之间从抽吸侧被输送至压力侧。

无刷直流电动机由定子和转子组成，其结构如图 5-26 所示。当系统压力达到 6MPa 时，电动机停止工作，依靠蓄能器维持压力；当压力降到 4MPa 时，电动机恢复工作。如果电动机不能被激活，则系统油液压力下降，并且离合器在压盘弹簧的作用下断开。

2）压力传感器 G270 和限压阀。液压泵压缩液压油，经滤清器压至限压阀、蓄能器和

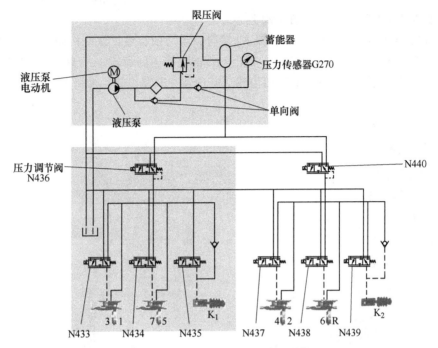

图 5-24 0AM 七档 DSG 的液压系统

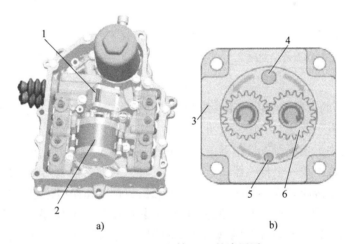

图 5-25 0AM 七档 DSG 的液压泵
a) 液压泵单元 b) 液压泵工作原理
1—液压泵 2—液压泵电动机 3—泵壳 4—抽吸侧 5—压力侧 6—驱动齿轮

压力传感器。当限压阀和压力传感器处的油液压力达到大约 7MPa 时,电子控制单元关闭电动机和液压泵。

3)换档阀 N433、N434、N437、N438。档位调节器集成在机械电子模块内,如图 5-27 所示。换档控制过程如图 5-28 所示,档位调节器活塞与换档拨叉连接,换档时,档位调节器活塞在油压的作用下移动,带动换档拨叉和接合套挂入档位。

换档阀调节档位调节器的油量,每个档位调节器都可以换到两个档位。如果未换档,则油压使档位调节器保持在空档。

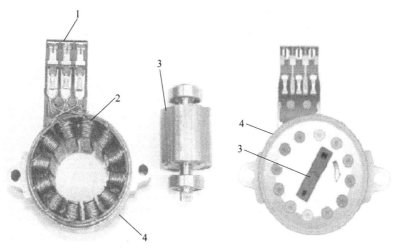

图 5-26 液压泵电动机 V401 的结构
1—插头 2—电磁线圈 3—带永久磁铁的转子 4—定子

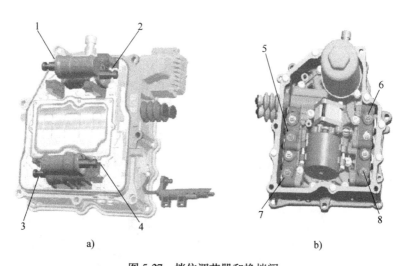

图 5-27 档位调节器和换档阀
1—五/七档档位调节器 2—六/倒档档位调节器 3——/三档档位调节器 4—二/四档档位调节器
5—五/七档换档阀 N434 6—六/倒档换档阀 N438 7——/三档换档阀 N433 8—二/四档换档阀 N437

换档阀的工作原理如下（以挂入一档为例）：初始位置状态时，换档阀 N433 控制油压，使档位调节器活塞处于 N 位，不挂入任何档位，如图 5-28a 所示。换档时，换档阀 N433 提升左侧活塞腔的油压，档位调节器活塞被推向右侧，与活塞连接的换档拨叉和接合套随活塞一同向右侧移动，接合套移动到一档位置，齿轮接合，便挂入一档，如图 5-28b 所示。

4）离合器控制阀。对离合器 K_1 和 K_2 的操纵以液压控制方式实现，在机械电子模块中有两个离合器调节器。离合器调节器由离合器液压缸和离合器活塞组成，如图 5-29 所示，其中离合器活塞控制离合器的操纵杆。离合器活塞上有一个永久磁铁，用于离合器行程传感器识别活塞位置。

离合器的控制过程如下（以控制离合器 K_1 为例）：

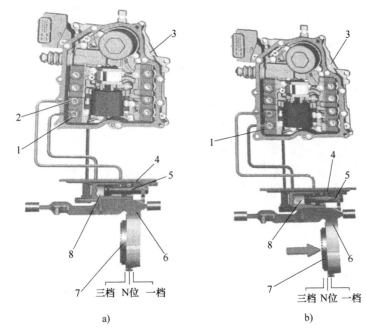

图 5-28 换档控制过程
a) 不挂入任何档位 b) 挂入一档
1—换档阀 N433 2—压力调节阀 N436 3—滑阀箱 4—档位调节器液压缸
5—档位调节器活塞 6—换档拨叉 7—接合套 8—活塞腔

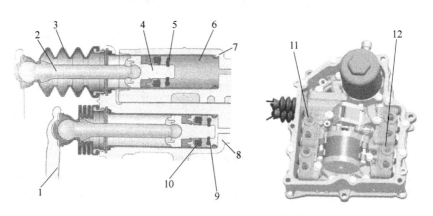

图 5-29 离合器调节器和离合器控制阀
1—操纵杆 2—活塞杆 3—防尘罩 4—离合器活塞 5—导向环 6—离合器液压缸 7—离合器 K_1
8—离合器 K_2 9—支承弹簧 10—永久磁铁 11—K_1 控制阀 N435 12—K_2 控制阀 N439

离合器分离：离合器控制阀 N435 回油方向打开，来自压力调节阀 N436 的液压油流入蓄能器，离合器活塞处于空闲位置，如图 5-30a 所示。

离合器接合：如果离合器 K_1 需要接合，离合器控制阀 N435 由电子控制单元激活，N435 被激活后，接通到离合器调节器的油道，油压在离合器活塞的后方被建立，离合器活塞移动并推动离合器操纵杆，离合器 K_1 接合，如图 5-30b 所示。

离合器打滑：变速器输入转速和输出转速不同，转速差是通过离合器控制阀 N435 控制离合器调节器与回流油路间的油压来调节的。

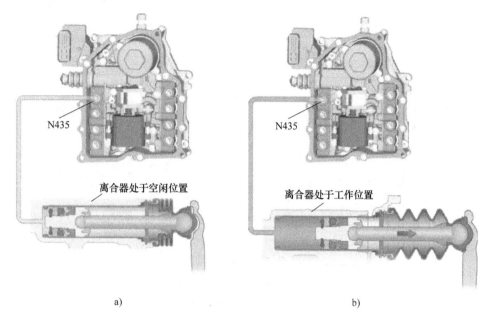

图 5-30 离合器控制过程
a) 分离 b) 接合

（2）电子控制单元 0AM 七档 DSG 的电子控制单元根据输入信号，实现换档控制、离合器控制、液压泵驱动、系统压力调节、安全保护等功能，电子控制单元的组成如图 5-31 所示。

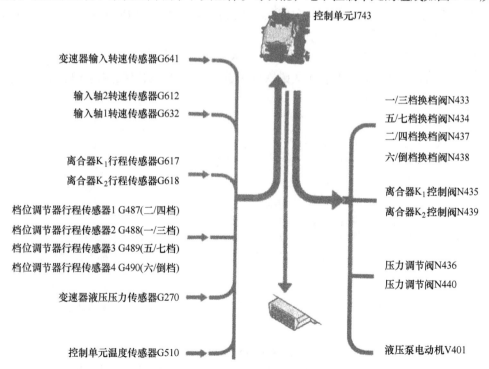

图 5-31 0AM 七档 DSG 电子控制单元组成

传感器的分布如图 5-32 所示，只有变速器输入转速传感器 G641 位于电子控制单元之外。

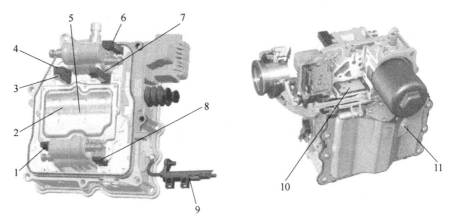

图 5-32　0AM 七档 DSG 的传感器
1—G488　2—J743　3—G632　4—G489　5—G510　6—G490
7—G612　8—G487　9—G641　10—G617 和 G618　11—G270

1）离合器行程传感器 G617、G618。离合器行程传感器位于离合器调节器上方，其作用是可靠、精确地获知离合器当前的操作状态。利用非接触式传感器获取离合器行程，能够提高传感器功能的可靠性，因为此方式能够避免磨损和振动造成的测量误差。控制单元根据该传感器信号来控制离合器调节器，如果离合器行程传感器 G617 失灵，则离合器 K_1 停止工作，无法换到一、三、五、七档；如果离合器行程传感器 G618 失灵，则无法换到二、四、六、倒档。

离合器行程传感器的工作原理如图 5-33 所示。在初级线圈接入交流电，铁心周围形成一个磁场。当离合器活塞移动时，永久磁铁也跟着一起移动，次级线圈由于磁场的变化感应

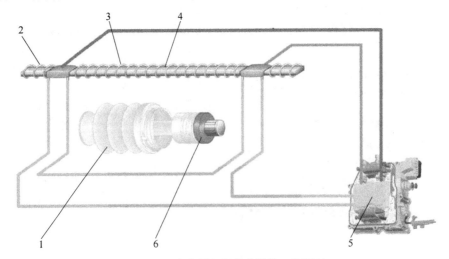

图 5-33　离合器行程传感器的工作原理
1—离合器活塞　2—次级线圈　3—初级线圈　4—铁心　5—传感器　6—永久磁铁

出不同的电压，传感器根据电压的变化量测出离合器的行程。

2）变速器输入转速传感器 G641。G641 安装在变速器壳体内，以电子方式探测起动机齿圈，从而获取变速器的输入转速。

控制单元需要获取变速器输入转速信号进行离合器控制和离合器滑转率计算。为此，需要将离合器前的变速器输入转速传感器 G641 的信号与输入轴转速传感器 G632 和 G612 的信号进行对比。信号缺失时，控制单元将发动机转速信号作为替代信号。

3）输入轴转速传感器 G632、G612。G632 探测位于输入轴 1 上的脉冲信号轮，控制单元根据该信号计算输入轴 1 的转速。G612 探测输入轴 2 上的齿轮，控制单元根据该信号计算输入轴 2 的转速。

如果输入轴 1 转速传感器 G632 失灵，则关闭子变速器 1，只能换到二、四、六、倒档。如果输入轴 2 转速传感器 G612 失灵，则关闭子变速器 2，只能换到一、三、五、七档。

4）控制单元温度传感器 G510。G510 直接安装在电子控制单元内，用以检查控制单元的温度，如图 5-34 所示。热的液压油不断流向控制单元，从而持续加热控制单元，温度过高可能削弱电子元件的功能。传感器直接测量元件的临界温度，以尽早采取降温措施，从而避免发生过热现象。当温度达到 139℃ 以上时，将采取降低发动机转矩的措施。此信号缺失时，控制单元采用内部存储的替代值。

5）变速器液压压力传感器 G270。G270 集成在机械电子模块的液压油循环回路内，采用膜片压力传感器结构，如图 5-35 所示。控制单元利用此信号控制液压泵电动机 V401，当液压油压力约为 6MPa 时，关闭电动机；液压油压力降到约 4MPa 时，再次接通电动机。信号缺失时，液压泵电动机一直运转，液压油压力由限压阀决定。

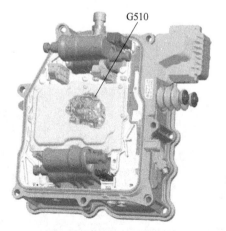

图 5-34　控制单元温度传感器 G510

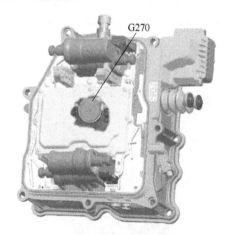

图 5-35　变速器液压压力传感器 G270

6）档位调节器行程传感器 G487~G490。档位调节器行程传感器接合换档拨叉上的磁铁产生信号，控制单元根据该信号识别档位调节器的准确位置，以此控制档位调节器进行换档。某一传感器失灵时，控制单元将无法识别相应档位调节器的位置，便无法识别是否通过档位调节器和换档拨叉换到了某一档位。为了避免造成变速器损坏，在这种情况下会关闭失灵传感器对应的子变速器。

项目实施

任务　更换 0AM 七档 DSG 的离合器

【任务目标】

1. 知道 0AM 七档 DSG 离合器的结构组成和工作原理。
2. 熟练运用工具进行离合器的更换和测量调整。

【任务准备】

支撑盘、变速器支撑板、发动机密封塞套件、压具、起拔器、钢直尺、限位量规、深度卡尺等。

【任务实施】

一、拆卸双离合器

1）拆下变速器,并固定在发动机和变速器支架上。

2）拔下两个排气罩,如图 5-36 所示,用发动机密封塞套件中的合适密封塞密封,防止其漏油。

注意:排气罩拆卸后必须予以更换。

3）拆下离合器毂的卡环,如图 5-37 所示。

图 5-36　拔下两个排气罩

图 5-37　拆下离合器毂的卡环

4）用钩子和螺钉旋具取出离合器毂。

5）拆下离合器卡环。

注意:如果无法拆下卡环,则说明离合器从下面"夹住了"卡环,卡环和离合器紧贴在一起。在无法将卡环从槽中取出时,可稍许用力向下压离合器,不能用锤子敲击离合器或轴。

6) 取出离合器总成。将起拔器的螺杆沿逆时针方向拧到最后位置，并将起拔器放到双离合器中，顺时针旋转，使其安装到双离合器上。顺时针旋转起拔器的螺杆，将离合器连同起拔器一同取出，如图 5-38 所示。

注意：由于离合器很重，需要两个人配合作业，防止离合器的坠落损坏变速箱和伤害到自己。

7) 拆卸离合器 K_2 接合轴承，如图 5-39 所示。

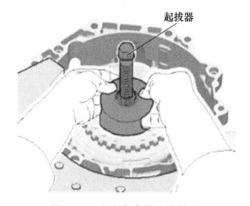

图 5-38　取出离合器和起拔器

图 5-39　拆卸离合器 K_2 接合轴承

8) 拆卸离合器 K_1 操纵杆及接合轴承，如图 5-40 所示。

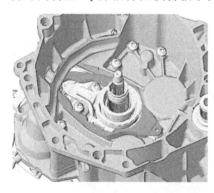

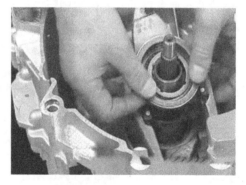

图 5-40　拆卸离合器 K_1 操纵杆及接合轴承

9) 拧出螺栓，拆卸离合器 K_2 操纵杆和导向套，如图 5-41 所示。

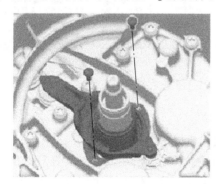

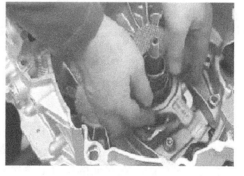

图 5-41　拆卸离合器 K_2 操纵杆和导向套

10）取下两个操纵杆的塑料固定器，如图 5-42 所示。

图 5-42　取下两个操纵杆的塑料固定器

二、离合器 K_1、K_2 接合轴承位置的调整

在更换双离合器、机械电子模块、操纵杆、接合轴承或操纵杆的固定架后，必须对接合轴承位置进行调整。

进行调整时，必须分开观察各个公差。先确定变速器侧所有必需的尺寸，以便选择合适的调整垫片。然后可以凭经验确定离合器的公差，并在之后的计算中将其作为计算系数。由变速器侧的公差和离合器的公差决定调整垫片的厚度。

1. 确定尺寸 B

B = 外侧输入轴端面到卡环上端的距离。对于离合器 K_1 和 K_2，该尺寸都必不可少。在测量之前先安装塑料固定器，然后安装离合器 K_2 操纵杆和导向套，检查 K_2 操纵杆是否处于正确的位置，并用两个新螺栓拧紧；装入离合器 K_1 操纵杆，检查位置是否正确，如图 5-43 所示。

1）装回旧卡环，如图 5-44 所示。

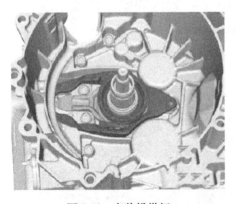

图 5-43　安装操纵杆　　　　　　　　图 5-44　安装卡环

2）将钢直尺竖放在变速器壳体法兰上，钢直尺应横跨轴端。

3）游标深度卡尺调零，测量外侧输入轴端面到卡环之间的距离 B，如图 5-45 所示。

4）为了测量更精确，在对面的位置上再次测量尺寸 B，根据两次测量结果计算平均值。

5）取下旧卡环。

2. 确定离合器 K_1 的尺寸 A1

$A1$ = 外侧输入轴端面到限位量规之间的距离。

1）将限位量规置于离合器 K_1 接合轴承上。

2）按压限位量规，同时将其转动。这样可以观察到接合轴承的转动情况，从而使限位量规正确地"安装"在接合轴承上。

3）将钢直尺竖放在变速器壳体法兰上。

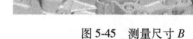

图 5-45 测量尺寸 B

4）将游标深度卡尺调零，测量轴端与限位量规的间距 A1，如图 5-46 所示。

5）为了测量更精确，在对面的位置上再次测量尺寸 A1，取其平均值。

3. 计算确定离合器 K_1 调整垫片厚度

1）计算离合器 K_1 调整垫片厚度。K_1 调整垫片厚度 = $A1 - B$ + 限位量规的高度 - 额定尺寸 + 离合器公差。限位量规的高度始终相同，为 51.81mm；额定尺寸是 K_1 接合轴承深度的额定值，为 50.08mm；离合器公差从新离合器上读取，如图 5-47 所示，注意应带上正负号。

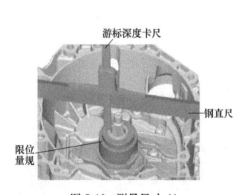

图 5-46 测量尺寸 A1

图 5-47 读取离合器公差

2）根据计算结果，查表确定调整垫片的厚度。

3）选取并测量新的调整垫片。

注意：安装时只能插入一个调整垫片。

4. 确定离合器 K_2 的尺寸 A2

$A2$ = 外侧输入轴端面到限位量规之间的距离。

1）安装离合器 K_2 接合轴承，如图 5-48 所示。由于 K_2 接合轴承上有四个凹槽，所以其只能安装在一个位置上。

2）旋转接合轴承，检查其安装是否到位，以及凹槽位置是否正确。

3）把限位量规开口较大的一端朝上安装到接合轴承上，把钢直尺竖放在变速器壳体法兰上。

4）将游标深度卡尺放在输入轴的上端面，以此为基准调零，测量 $A2$，如图 5-49 所示。

图 5-48　安装离合器 K_2 接合轴承

图 5-49　测量 $A2$

5）为了测量更精确，在对面的位置上再次测量尺寸 $A2$，计算平均值。

5. 计算确定离合器 K_2 调整垫片厚度

1）计算离合器 K_2 调整垫片厚度。K_2 调整垫片厚度 $=A2-B+$ 限位量规内部高度 $-$ 额定尺寸 $+$ 离合器公差。

限位量规内部高度始终相同，为 36.20mm；额定尺寸为 34.35mm。

2）根据计算结果，查表确定调整垫片厚度，选取并测量新的调整垫片。

三、安装双离合器

1）安装两个操纵杆的塑料固定器。

2）安装离合器 K_2 操纵杆及其导向套，确认位置正确。

3）用两个新螺栓固定导向套支架（拧紧力矩为 8N·m+90°），如图 5-50 所示。

4）安装离合器 K_1 操纵杆及接合轴承，确认位置正确，如图 5-51 所示。

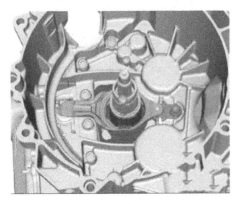

图 5-50　固定导向套支架

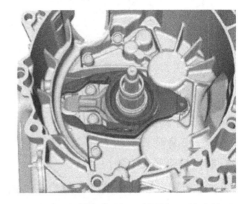

图 5-51　安装离合器 K_1 操纵杆及接合轴承

5）安装离合器 K_2 接合轴承的调整垫片及接合轴承，如图 5-52 所示。

6）安装离合器 K_1 接合轴承的调整垫片。安装前，用黏合剂固定调整垫片，以防止其滑移。

7）使用起拔器将离合器平稳地放入变速器中。

注意：不要让离合器坠落到变速器内。

8）使用专用工具按压离合器至正确位置。

9）安装卡环。

10）安装离合器毂。离合器毂的安装位置是唯一的，其上的大轮齿应与从动盘上的标记对准，如图 5-53 所示。

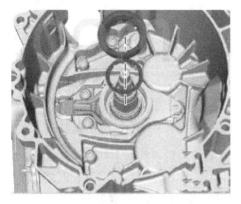

图 5-52　安装离合器 K_2 接合轴承的调整垫片及接合轴承　　图 5-53　安装离合器毂

11）安装离合器毂卡环。

12）观察离合器安装是否正确。用手旋转离合器，并在旋转时观察离合器 K_2 操纵杆。离合器旋转时，K_2 操纵杆在其位置上必须保持完全静止，不允许上下移动。如果 K_2 操纵杆上下移动，那么 K_2 的调整垫片安装不正确，需拆下离合器重新安装。

13）安装变速器后，取下排气孔上的密封塞，安装排气罩和排气软管。

课 后 习 题

一、选择题

1. 0AM 七档直接换档变速器通过离合器 K_1 可啮合（　　）。
   A. 一、三、五、七档　　B. 二、四、六、倒档　　C. 所有档位
2. 0AM 七档直接换档变速器输出轴 1 将转矩传递到（　　）上。
   A. 差速器　　B. 输出轴 2　　C. 机油泵
3. 接合套由（　　）操纵完成换档。
   A. 变速杆　　B. 换档拨叉　　C. 换档拉索
4. 0AM 七档直接换档变速器的（　　）配备有三锥面同步器。
   A. 四档　　B. 一、二、三档　　C. 倒档
5. 0AM 七档直接换档变速器电子控制单元上装有（　　）个温度传感器。
   A. 1　　B. 2　　C. 3
6. 0AM 七档直接换档变速器，若档位调节器 0AM 七档直接换档传感器 G488 损坏，则（　　）。
   A. 用于一、三、五、七档的变速器部分将切断

B. 汽车只能一档或三档行驶　　　　　　　　　C. 对换档无影响

7. 0AM 七档直接换档变速器的机械电子模块（　　）。
   A. 安装在流水槽内　　　B. 安装在副驾驶座处　　　C. 集成在变速器内

8. 0AM 七档直接换档变速器的传感器 G641 提供（　　）信息。
   A. 行驶方向　　　　　　B. 输入转速　　　　　　　C. 车速

9. 以下哪些说法适用于 0AM 七档直接换档变速器（　　）。
   A. 变速器装配有湿式双离合器
   B. 变速器有六个前进档和一个倒档
   C. 机械电子模块和机械变速器只有一个润滑油系统
   D. 按需驱动液压泵

10. 离合器 K_1 将发动机转矩传到（　　）。
    A. 输出轴 2 上　　　　　B. 输出轴 1 上
    C. 输入轴 1 上　　　　　D. 输入轴 2 上

11. 0AM 七档直接换档变速器能够通过子变速器 1 内的换档阀 N434 换到（　　）。
    A. 一档和三档　　　　B. 二档和四档　　　　C. 五档和七档

12. 以下有关 0AM 七档直接换档变速器机械电子模块的说法错误的是（　　）。
    A. 机械电子模块是变速器的中央控制单元
    B. 它集成了电子控制单元和液压系统
    C. 机械电子模块有独立的润滑油循环回路
    D. 机械电子模块连接在机械变速器的润滑油循环回路上

13. 下列有关 0AM 七档直接换档变速器的说法错误的是（　　）。
    A. 液压泵电动机是无刷直流电动机
    B. 液压泵电动机由发动机控制单元控制
    C. 液压泵电动机通过联轴器驱动液压泵

14. 0AM 七档直接换档变速器电子控制单元的温度超过 140℃ 时，将会采取以下（　　）措施。
    A. 关闭一个子变速器　　　B. 立即换至下一个较高档位　　　C. 降低发动机转矩

二、判断题

1. 装备 DSG 的汽车，没有离合器踏板，同时没有变矩器。（　　）
2. DSG 最大的特点在于它采用了双离合器，且它是基于自动变速器。（　　）
3. 双离合变速器工作时有两个档位啮合。（　　）
4. 选用手动模式时不做升档操作，若将加速踏板踩到底，DSG 不会升档。（　　）
5. DSG 具有手动变速器的灵活及自动变速器的舒适，它能提供不间断的动力输出。（　　）
6. 大众 02E 六档 DSG 采用的是两组干式多片离合器。（　　）

三、问答题

1. 直接换档变速器的特点是什么？
2. DSG 为什么又称双离合变速器？双离合变速器为什么需要两个输入轴？
3. 说明七档 DSG 的结构和工作原理。

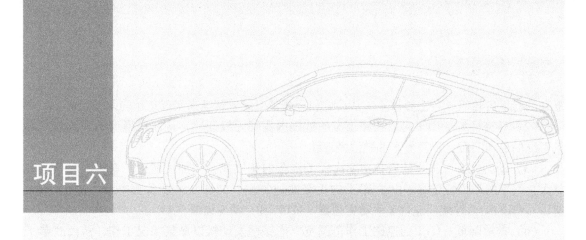

项目六

无级变速器的构造与检修

【案例引入】

一辆装配 01J 无级变速器的奥迪 A6L，组合仪表显示变速器报警，挂入 D 位后松开制动踏板，车辆无法向前行驶，踩下加速踏板，发动机转速达到 1500r/min 时，车辆突然起步出现严重耸车，行驶中车辆正常，其余档位均正常。

【学习目标】

1. 知道无级变速器的特点。
2. 明白无级变速器的组成和工作原理。
3. 能用正确的工具按照维修手册的要求进行无级变速器的分解和检测。
4. 能分析并排除无级变速器相关故障。

【知识准备】

一、无级变速器概述

无级变速技术采用传动带和工作直径可变的主、从动轮相配合来传递动力，可以实现传动比的连续改变，从而得到传动系统与发动机工况的最佳匹配。

无级变速器（CVT，Continuous Variable Transmission）与有级变速器的主要区别在于：它的速比不是间断的，而是一系列连续的值。

1. 无级变速器的类型

无级变速器按结构和传动方式可分为电力式、液力式和机械式三种。其中，电力式和液力式无级变速器因为成本高、效率低、结构复杂等原因没有得到广泛的应用；而机械式无级变速器与前两种相比，具有结构简单紧凑、成本低、操纵方便等优点，是目前主流的选择。本项目所提到的 CVT 都是指机械式无级变速器。

2. 无级变速器的特点

无级变速器相对于传统的手动和自动变速器有以下优点：

（1）结构简单，体积更小　CVT 既没有手动变速器的众多齿轮副，也没有自动变速器复杂的行星齿轮组，它主要靠主、从动轮和金属带或滚轮转盘来实现速比的无级变化。

（2）经济性好　CVT可以在相当宽的范围内实现无级变速，从而获得传动系统与发动机工况的最佳匹配，提高整车的燃油经济性。

（3）动力性好　汽车的后备功率决定了汽车的爬坡能力和加速能力。汽车的后备功率越大，汽车的动力性越好。由于CVT的无级变速特性，能够获得后备功率最大的传动比，所以CVT的动力性能明显优于手动变速器（MT）和自动变速器（AT）。

（4）排放降低　CVT的速比工作范围宽，能够使发动机以最佳工况工作，从而改善了燃烧过程，降低了废气的排放量。

（5）舒适性好　由于CVT实现了真正的无级变速，动力传递平顺，发动机转速总是保持在较低的范围，整车行驶更安静。

但CVT的缺点也是明显的，其传动带很容易损坏，不能承受较大的载荷，只限于用在低功率和低转矩汽车上。

3. 无级变速器的工作原理

无级变速器是由传动链轮实现无级变速的，如图6-1所示。它可使传动比在最小和最大之间无级调节，提供一个合适的传动比，从而使发动机总是工作在最佳转速范围内，使汽车的动力性或经济性最优化。

无级变速器由带锥面盘体的链轮装置1和链轮装置2以及工作于两个锥面链轮组之间的V形槽内的专用传动链组成。链轮装置1由发动机驱动，发动机转矩通过传动链传递到链轮装置2，并由此传给主减速器。每个链轮装置中有一个链轮可沿轴向移动，以调节传动链的跨度尺寸和改变传动比。两组链轮装置必须同时进行调整，以保证传动链始终处于张紧状态并有足够的接触传动压力。

图6-1　无级变速器原理
1—输出轴　2—输入轴　3—链轮装置1　4—链轮装置2

二、无级变速器的组成

下面以01J无级变速器为例，说明无级变速器的组成。01J无级变速器主要由飞轮减振装置、前进档离合器、倒档离合器、行星齿轮机构、辅助减速齿轮、链传动装置、液压控制系统和电子控制系统组成，如图6-2所示。

发动机输出的转矩通过飞轮减振装置或双质量飞轮传递给变速器，前进档离合器和倒档制动器（离合器）都是湿式摩擦离合器，两者均为起动装置。倒档的旋转方向是通过行星齿轮机构改变的。发动机的转矩通过辅助减速齿轮传递到链传动装置，并由此传递给主减速器。液压控制单元和电子控制单元集成为一体，位于变速器的内部。

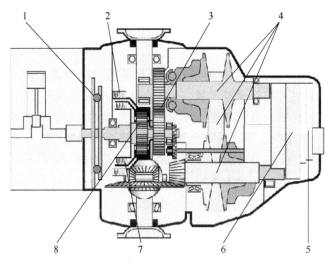

图 6-2　01J 无级变速器结构示意

1—飞轮减振装置　2—倒档离合器　3—辅助减速齿轮　4—链传动装置　5—电子控制系统
6—液压控制系统　7—前进档离合器　8—行星齿轮机构

1. 飞轮减振装置

飞轮减振装置的作用是减缓发动机与变速器之间动力连接而产生的扭转振动，保证发动机无噪声运转。目前奥迪 V6 2.8L 发动机转矩就是通过飞轮减振装置传递到变速器的；奥迪 A4 1.8L 四缸发动机采用双质量飞轮转动。

2. 离合器和行星齿轮机构

（1）前进档离合器和倒档制动器　前进档离合器和倒档制动器的作用是将发动机的转矩传递给速比变换系统，在起步过程中，利用半联动的形式保证汽车平稳起步；正常工作时，将发动机曲轴和变速器速比变换系统的主动轮连接成一体，形成刚性连接。

（2）行星齿轮机构　行星齿轮机构的结构如图 6-3 所示，由齿圈、两个行星轮、行星架、太阳轮组成。当太阳轮顺时针转动时，驱动行星轮 1 逆时针转动，行星轮 1 驱动行星轮 2 顺时针转动，最后驱动齿圈也顺时针转动。

太阳轮与输入轴和前进档离合器的钢片相连接，行星架与辅助减速齿轮的主动齿轮和前进档离合器的摩擦片相连接，齿圈和倒档制动器的摩擦片相连接，倒档制动器的钢片和变速

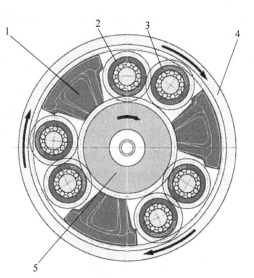

图 6-3　行星齿轮机构的结构
1—行星架　2—行星轮 1　3—行星轮 2
4—齿圈　5—太阳轮

器壳体相连接。

1) P/N位的动力传递路线。变速杆处于P或N位时，前进档离合器和倒档制动器都不工作。发动机的转矩通过与输入轴相连接的太阳轮传到行星齿轮机构并驱动行星轮1，行星轮1再驱动行星轮2，行星轮2与齿圈相啮合。车辆尚未行驶时，行星架（行星齿轮机构的输出部分）的阻力很大，处于静止状态，齿圈以发动机转速一半的速度怠速运转，旋转方向与发动机相同。

2) D位的动力传递路线。变速杆处于D位时，前进档离合器工作。由于前进档离合器钢片与太阳轮连接，摩擦片与行星架连接，此时，太阳轮（变速器输入轴）与行星架（输出部分）连接，行星齿轮机构被锁死成为一体，并与发动机运转方向相同，传动比为1∶1。

3) R位的动力传递路线。变速杆处于R位时，倒档制动器工作。由于倒档制动器摩擦片与齿圈相连接，钢片与变速器壳体相连接，此时，齿圈被固定，转矩从太阳轮传递到行星架。由于是双行星齿轮（其中一个为惰轮），所以行星架就会以与发动机旋转方向相反的方向运转，车辆向后行驶。

由行星架输出的动力经辅助减速齿轮传递到链传动装置，如图6-4所示。

(3) 离合器控制　为平稳地将发动机的转矩传递给变速器，实现汽车起步，在起步过程中，电子控制单元根据各类信号来调整离合器以控制起步过程。电子控制单元通过对发动机转速、变速器输入转速、加速踏板位置、发动机转矩、制动力、变速器油温等参数进行逻辑分析之后计算出离合器的额定压力和压力调节电磁阀N215的控制电流，从而确定离合器的压力，离合器传递的发动机转矩也相应地随控制电流的变化而变化。压力传感器检测液压控制系统中离合器或制动器的实际压力，若实际压力与额定压力差值超过一定范围，便进行修正。离合器的控制如图6-5所示。

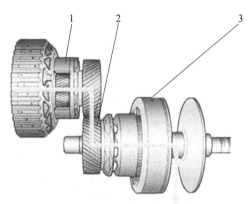

图6-4　动力传递路线
1—行星齿轮机构　2—辅助减速齿轮
3—链传动装置

1) 离合器压力的控制。离合器压力与发动机转矩成正比，与系统压力无关。液压控制阀中的输导压力阀VSTV始终为压力调节电磁阀N215提供一个0.5MPa的压力。根据电子控制单元计算的控制电流，压力调节电磁阀N215会调节出一个控制压力，该压力的大小决定离合器控制阀KSV的位置。离合器控制阀的压力由系统压力提供，KSV根据N215的触发信号（电流的大小）产生离合器的制动力，高控制压力产生高离合器压力。离合器压力通过安全阀SIV传递到手动阀HS，手动阀的位置改变就会将转矩传递到前进档离合器（D位）或倒档制动器（R位）。当变速杆位于P位或N位时，手动阀切断供油，前进档离合器和倒档制动器的油路都与油底壳相通。

2) 离合器的安全切断控制。当压力传感器检测到实际离合器压力明显高于变速器控制单元所计算的离合器额定压力时，变速器就会进入安全紧急故障状态。在这种情况下，无论手动阀处于任何位置以及其他系统状态如何，离合器压力都会泄掉。这种安全切断是由安全

项目六 无级变速器的构造与检修

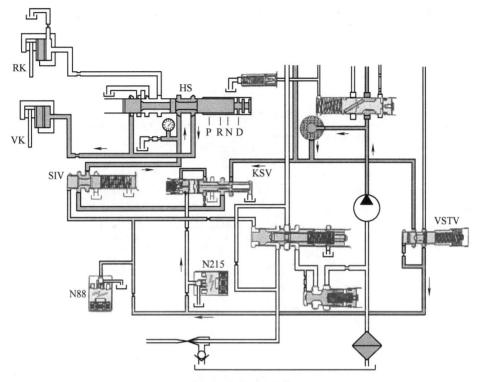

图 6-5 离合器的控制

阀 SIV 来实现的,以确保离合器快速分离,SIV 由压力调节电磁阀 N88 激活。当离合器控制压力上升到 4kPa 时,到离合器控制阀 KSV 的供油被切断,油底壳与手动阀的连接通道被打开。

3)离合器的过载保护控制。根据变速器实际工作状态,电子控制单元计算出离合器打滑温度、发动机转矩以及变速器油温,当控制单元通过油温传感器测得的离合器温度因离合器过载而超出标定限制时,控制单元减小发动机转矩,目的是降低离合器的工作温度,防止离合器过热。

4)离合器的冷却控制。为确保离合器的正常工作温度,离合器由单独的冷却液流来冷却。为减少离合器冷却时的动力损失,冷却液流由集成在阀体上的冷却液控制单元在需要时接通。冷却液量可通过吸气喷射泵来增加,而不必对液压泵的容量有过高的要求。为了优化离合器冷却性能,冷却液仅传递到链传动装置中。前进档离合器的冷却液和液压油通过变速器输入轴的中间孔道流通,两条油路由内部钢管彼此分开。变速器输入轴出油孔上安有润滑油分配器,将润滑油引导到前进档离合器。

3. 链传动装置

链传动装置是 CVT 最重要的装置,其功用是实现无级变速传动。

(1) 结构与工作原理 链传动装置由两组滑动锥面链轮和传动链等组成,如图 6-6 所示。主动链轮由发动机通过辅助减速齿轮驱动,发动机转矩由传动链传递到从动链轮,并由此传给主减速器。每组链轮装置中的其中一个链轮可沿轴向移动,来调整传动链的跨度尺寸,从而连续地改变传动比。两组链轮装置必须同步进行调整,这样才能保证传动链始终处于张紧状态,并且具有足够的传动链和链轮之间的接触压力。

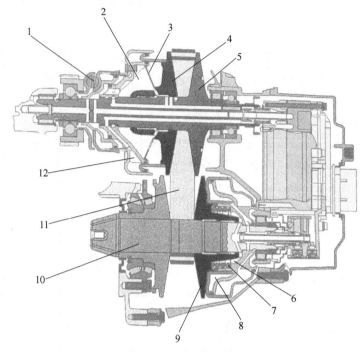

图 6-6 链传动装置的结构

1—转矩传感器 2、8—压力缸 3—膜片弹簧 4、9—锥面链轮 5—链轮装置1
6、12—分离缸 7—螺旋弹簧 10—链轮装置2 11—传动链

链轮的轴向移动由液压泵驱动。为减少发动机功率消耗,根据双联活塞原理,01J无级变速器采用两个液压泵独立驱动的液压系统,分别负责提供改变传动比的锥面链轮轴向移动力和保持锥面链轮与链条之间摩擦力的推力。该系统的设计特点是:单纯改变传动比时,用小截面活塞和低油压,大截面活塞仅提供一定压力保持摩擦力。

传动链的结构如图 6-7 所示。传动链的转动节采用双转动压块,转动压块在锥面链轮间

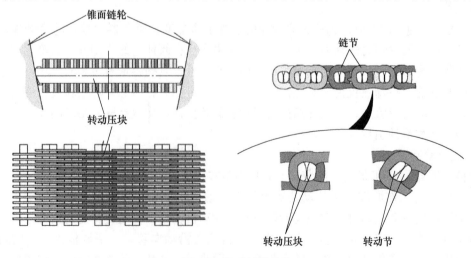

图 6-7 传动链的结构

跳动，即锥面链轮互相挤压，依靠转动压块正面和锥面链轮接触面间的摩擦力传递转矩。在传动链传动过程中，转动压块之间形成滚动摩擦，降低了动力损失和磨损。传动链的转动节采用不等长链节，可防止共振并降低转动噪声。

(2) 换档控制

1) 电子控制。为了在各个工况下均获得最佳传动比，电子控制单元根据驾驶人输入的信息和车辆工作状态计算出变速器的额定输入转速。变速器输入转速传感器 G182 检测链轮装置 1 处的变速器实际输入转速。电子控制单元对实际值和设定值进行比较，计算出换档压力调节电磁阀 N216 的控制电流，N216 产生液压换档阀的控制压力，该压力与控制电流成正比。电子控制单元通过检测来自变速器输入转速传感器 G182 和变速器输出转速传感器 G195 的信号以及发动机转速信号，实现对换档的监控，如图 6-8 所示。

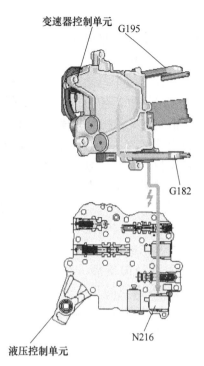

图 6-8　电子控制

2) 液压控制。液压控制单元中的输导压力阀 VSTV 向换档压力调节电磁阀 N216 提供一个约 0.5MPa 的常压。N216 根据电子控制单元计算的控制电流产生控制压力，该压力的大小会影响减压阀 UV 的位置。根据控制压力，减压阀 UV 将调节出来的压力传递到主动链轮和从动链轮的分离缸，如图 6-9 所示。当控制压力在 0.18~0.22MPa 之间时，减压阀 UV 处于关闭状态。当控制压力低于 0.18MPa 时，调节压力通过减压阀 UV 传递到主动链轮的分离缸，同时从动链轮的分离缸与油底壳接通，链传动装置朝增速的方向进行变速。当控制压力高于 0.22MPa 时，调节压力通过减压阀传递到从动链轮的分离缸，同时主动链轮的分离缸与油底壳相通，链传动装置朝减速的方向变速。

(3) 接触压力控制　压力缸中合适的油压最终产生锥面链轮与传动链之间的接触压力，若接触压力

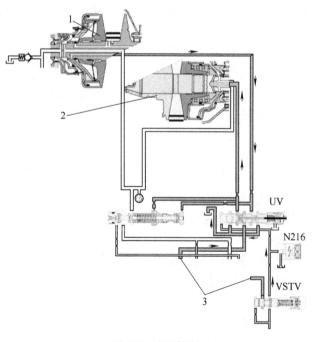

图 6-9　液压控制
1—主动链轮　2—从动链轮　3—来自液压泵

过高，会降低传动效率；相反，若接触压力过低，传动链会打滑，将损坏传动链和链轮。转矩传感器用来根据要求建立起尽可能精确、安全的接触压力。

转矩传感器集成于主动链轮内，静态和动态高精确度地监控传递到压力缸的实际转矩，并建立压力缸的正确油压。转矩传感器主要部件为两个滑轨架，每个滑轨架有七个滑轨，滑轨中装有七个滚子，如图6-10所示。

滑轨架1装在辅助减速齿轮中，滑轨架2通过内花键与主动链轮连接，由转矩传感器活塞支撑，并可以轴向移动。转矩传感器活塞调整接触压力，并形成两个压力腔：转矩传感器腔1和腔2。转矩传感器产生的轴向力作为控制力，与发动机转矩成正比，压力缸中建立起来的压力与控制力成正比。滑轨架彼此间可径向旋转，将转矩转化为轴向力（因滚子和滑轨的几何关系），此轴向力施加于滑轨架2并作用到转矩传感器控制凸缘，从而关闭或打开转矩传感器腔输出端，如图6-11所示。

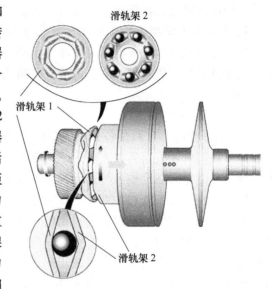

图6-10 转矩传感器的组成

1）输入转矩低时，转矩传感器腔1直接与压力缸相通。发动机转矩产生的轴向力与压力缸的压力达到平衡。在汽车稳定运行的情况下，出油孔只部分关闭，打开出油孔后压力下降，出油孔进油压力降低，直至恢复压力平衡，如图6-12所示。

2）输入转矩提高时，控制凸缘进一步关闭出油孔，压力缸内的压力升高，直到建立起新的平衡，如图6-13所示。

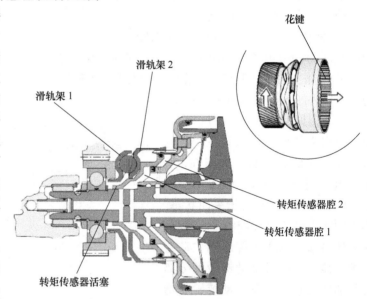

图6-11 转矩传感器的工作原理

3）输入转矩达到峰值时，控制凸缘完全关闭出油孔，如图6-14所示。若转矩传感器进一步移动，将会起到液压泵作用，此时被排出的油使压力缸的压力迅速上升，这样就会毫无延迟地调整接触压力。锥面链轮产生的接触压力不仅取决于输入转矩，还取决于传动链跨度半径，此二者确定了链传动装置的实际传动比。

4. 液压控制系统

CVT的液压控制系统具有系统油压的控制、油路的转换控制、用油元件的供油及冷却控制等功能。

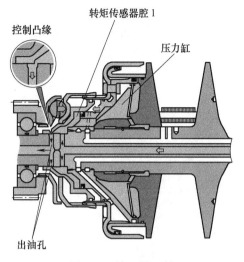

图 6-12　输入转矩低　　　　　图 6-13　输入转矩提高

（1）液压泵　液压泵直接安装在液压控制单元上,形成一个整体,如图 6-15 所示,减少了压力损失并节约了成本。01J 变速器装有高效率的带月牙形隔板的内啮合齿轮泵,尽管该泵所需的液压油相对少,但却可产生需要的压力。

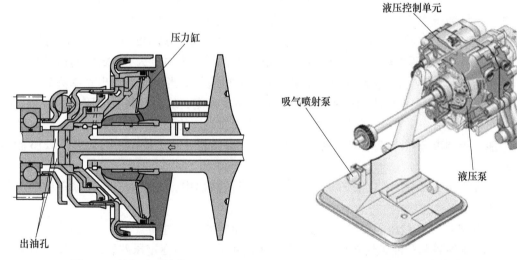

图 6-14　转矩达到峰值　　　　　图 6-15　液压泵的安装位置

（2）吸气喷射泵　吸气喷射泵集成在离合器冷却系统中,以供应冷却离合器所需的润滑油量。吸气喷射泵的结构如图 6-16 所示。吸气喷射泵根据文丘里管原理工作,当离合器需要冷却时,液压油由液压泵泵出,通过吸气喷射泵进行导流并形成动力喷射流,液压油流经泵的真空部分产生一定真空,将油从油底壳吸出,并与动力喷射流一起形成一股大量的油流,在不增加液压泵容量的情况下,液压油量几乎加倍。单向阀阻止吸气喷射泵空运转,并且有助于对液压油的供应做出迅速的反应。

（3）液压控制单元　液压控制单元由手动阀、九个液压阀和三个压力调节电磁阀组成。液压控制单元和电子控制单元直接插接在一起。

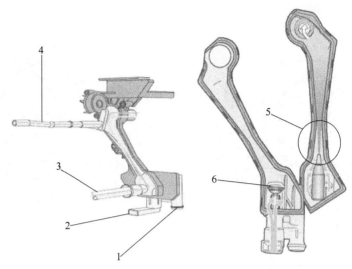

图 6-16 吸气喷射泵的结构
1—ATF 溢流管 2—进油管 3—从液压控制单元到吸气喷射泵的压力管
4—前进档离合器的液压油管 5—文丘里管 6—单向阀

液压控制单元的主要功能有：控制前进档离合器、倒档制动器，调节离合器压力，冷却离合器，为接触压力控制提供液压油，传动控制，为飞溅润滑油罩盖供油。

液压控制系统的油路如图 6-17 所示。为保护部件，限压阀 DBV1 将最高压力限制在 0.82MPa。通过输导压力阀 VSTV 向压力调节电磁阀提供一个恒定为 0.5MPa 的输导控制压力。最小压力阀 MDV 可防止起动时液压泵吸入发动机进气。当液压泵输出功率高时，最小压力阀 MDV 打开，允许液压油从回油管流到液压泵吸入侧，从而提高了液压泵的效率。施压阀 VSPV 控制系统压力，在特定功能下，它始终提供足够的油压。压力调节电磁阀 N88 有两个功能：控制离合器冷却阀 KKV 和安全阀 SIV，N215 激活离合器控制阀 KSV，N216 激活减压阀 UV。

（4）ATF 冷却系统 ATF 冷却器集成在发动机散热器中，与发动机冷却循环中的冷却液进行热交换。

如图 6-18 所示，差压阀 DDV1 可防止 ATF 冷却器的压力过高（ATF 温度低）。当 ATF 温度低时，供油管和回油管建立起的压力有很大的不同。达到标定压差后，DDV1 打开，供油管与回油管直接接通，使 ATF 的温度迅速升高。当 ATF 过滤器的流动阻力过高时，差压阀 DDV2 打开，阻止 DDV1 打开，ATF 冷却系统因有背压而无法工作。

5. 电子控制系统

01J 变速器的电子控制系统主要由电子控制单元和传感器等组成。

（1）电子控制单元 电子控制单元 J217 集成在变速器内，直接用螺栓紧固在液压控制单元上。三个压力调节电磁阀与电子控制单元间直接通过坚固的插接器连接，而没有连接线。电子控制单元用一个 25 针的小型插头与汽车线束相连，如图 6-19 所示。J217 的底座为一个坚硬的铝板壳，起到隔热的作用。该壳体容纳全部的传感器，因此不再需要线束和插头，因而没有单独线束。线束与发动机线束集成在一起，这种结构使 J217 的可靠性得到较大的提高。

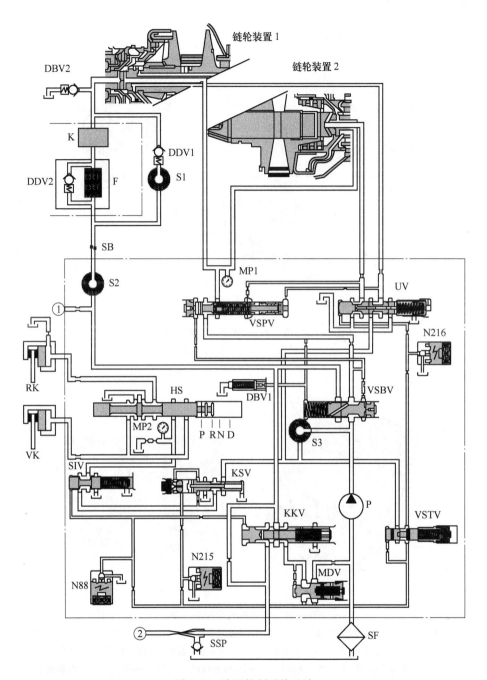

图 6-17 液压控制系统油路

DBV1—限压阀 1 DBV2—限压阀 2 DDV1—差压阀 1 DDV2—差压阀 2 F—ATF 滤清器 HS—手动阀 K—ATF 冷却器 KKV—离合器冷却阀 KSV—离合器控制阀 MDV—最小压力阀 MP1—接触压力测试点（由 G194 监测） MP2—离合器压力测试点（由 G193 监测） N88—压力调节电磁阀（离合器冷却/安全切断阀） N215—压力调节电磁阀（离合器） N216—压力调节电磁阀（换档） P—液压泵 RK—倒档制动器 S1—ATF 过滤器 1 S2—ATF 过滤器 2 S3—ATF 过滤器 3 SB—链轮润滑/冷却喷孔 SF—ATF 进油过滤器 SIV—安全阀 SSP—吸气喷射泵 UV—减压阀 VK—前进档离合器 VSBV—流量控制阀 VSPV—施压阀 VSTV—输导压力阀

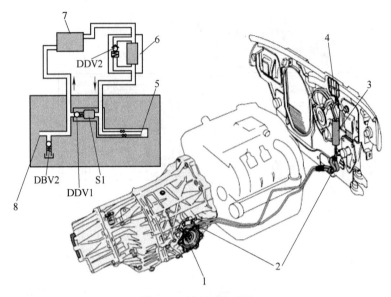

图 6-18 液压冷却系统

1、4—回油管 2—供油管 3、6—ATF 过滤器 5—到液压控制单元
7—ATF 冷却器 8—来自链轮装置

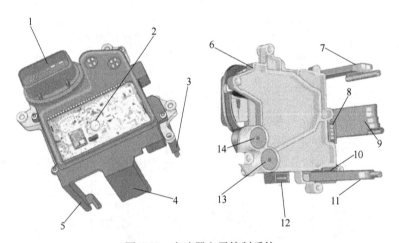

图 6-19 变速器电子控制系统

1—25 针插头 2—变速器油温传感器 G93 3、11—变速器输入转速传感器 G182（1 个霍尔传感器）
4、9—多功能开关 F125（4 个霍尔传感器） 5、7—变速器输出转速传感器 G195 和 G196
6—电子控制单元 J217 8—N215 插接器 10—N216 插接器（被 G182 遮住） 12—N88 插接器
13—自动变速器液压传感器 G194（接触压力） 14—自动变速器液压传感器 G193（离合器压力）

1）动态控制程序。电子控制单元有一个动态控制程序（DRP），用于计算变速器目标输入转速。DRP 的目标是使操纵性能尽可能地与驾驶人输入相适应。

为实现上述目的，电子控制单元接收驾驶人动作、车辆运动状态和路面情况信息，计算加速踏板动作频率和加速踏板角度位置、车速和车辆加速情况，利用这些信息和逻辑组合，在发动机转速范围内，通过改变传动比，将变速器输入转速设定在最佳动力性和最佳经济性之间，使汽车的操纵性能和驾驶性能尽可能地与驾驶人输入信号相匹配。

2）强制降档功能。驾驶人通过把加速踏板踩到底，接通强制降档开关，告知电子控制单元，要求提供最大加速度。为满足要求，必须快速提供发动机最大功率。为此，发动机转速被调整到最大功率处的转速，并保持到加速踏板角度减小为止。

3）依据行驶阻力自适应控制。与负荷有关的动力被电子控制单元计算出来以测定行驶阻力，如上坡、下坡、车辆处于被牵引状态等。将该行驶阻力与在平路上行驶时的牵引阻力进行比较，指示是否需要提高或降低所需功率。

上坡或牵引车辆时，可能需要较高的功率。在这种情况下，电子控制单元通过降档来增加发动机转矩和输出功率。

下坡时，情况稍有不同。若驾驶人想利用发动机的制动效果，则必须踩制动踏板。若汽车处于超速阶段，并且踩下制动踏板后车速依然提高，则应向减速方向调节传动比，从而更有利于驾驶人控制发动机的制动效果。若下坡坡度减小，则传动比将再次向加速方向调节，车速稍有提高。

4）与车速巡航控制系统协调工作。如果车速巡航控制系统开关打开，当汽车下坡行驶时，由于巡航控制时的传动比经常很低，导致发动机制动效果不足。在这种情况下，电子控制单元通过提高变速器的输入转速来增强发动机的制动效果。

5）升级程序。电子控制单元可以通过软件进行升级。电子控制单元的程序、特性参数和数据（软件）以及输出信号的计算值，都永久性的存储于 EEPROM（电子可编程存储器）中，并将其实时提供给电子控制单元。

6）起步和转矩传递过程由电子-液压控制单元监控和调整。电子-液压控制单元控制离合器或制动器与液力变矩器相比，具有质量轻、安装空间小、使起动特性适应驾驶状态、使爬坡转矩适应驾驶状态，以及在过载或非正常使用情况下具有保护功能等优点。

起动过程：电子控制单元根据起动特性，识别出发动机标定转速，控制离合器，调整发动机转速。驾驶人输入信号和电子控制单元内部要求是决定起动特性的参数。

在经济行驶模式下起步时，离合器的打滑时间短，发动机转速低，燃油经济性好；在运动模式下起步时，发动机转速相对高，汽车加速性好。

7）对离合器（制动器）的控制。电子控制单元接收发动机转速、变速器输入转速、加速踏板位置、发动机转矩、制动力、变速器油温等信号，以控制离合器（制动器）的工作。电子控制单元通过这些参数计算出离合器（制动器）所需的额定压力，并且确定压力调节电磁阀 N215 的控制电流，离合器压力和离合器传递的发动机转矩随控制电流的变化而变化。

8）最佳舒适模式。在自动换档模式下，在传动比变化范围内可获得任意传动比，传动比可完全无抖动地调节，驱动力的传输不会中断。

在 Tiptronic（手自一体）模式下，选择手动换档时有六个确定的档位。在第五档时，汽车可以获得最高车速，在第六档时可获得更好的经济性。另外，驾驶人可以选择不同的低档，以获得不同的发动机制动效果，这点对在坡路上行驶非常重要。

9）最佳动力特性。变速器输入转速的控制可将发动机保持在最大功率的输出状态，汽车加速时，驱动力的传递不会中断，可获得最佳加速特性。

10）最佳燃油经济性。在经济行驶模式下，通过对传动比的连续调节，使发动机总是处于最佳工作模式，提高了燃油经济性。

11)过载保护。利用内建模型,电子控制单元计算出离合器打滑温度,若测得的离合器温度因离合器过载而超出标定界限,则发动机转矩将减小。当发动机转矩减小到发动机怠速上限时,在一段时间内,发动机对加速踏板信号无反应,离合器冷却系统确保短时间内使离合器降温,此后又迅速重新提供发动机最大转矩。一般离合器过载情况很少出现。

12)爬坡控制功能。爬坡控制的特点是:当踩下制动踏板、车辆短时间静止时,减小爬坡转矩,于是发动机便不必产生很大的转矩,降低了汽车的运转噪声(车辆静止,发动机怠速运转时产生的嗡嗡声),并且只需要稍加制动即可停住汽车,因而改善了燃油经济性和舒适性。若汽车长时间停于坡道上,当制动力不足,车辆回溜时,离合器压力将增大,使汽车停住(坡道停住功能)。该功能是通过两个变速器输出转速传感器 G195 和 G196 区分汽车是向前行驶还是向后行驶来实现的。

13)微量打滑控制。微量打滑控制是对离合器进行控制,可减缓发动机产生的扭转振动。在部分负荷下,离合器特性被调整到发动机输出转矩为 160N·m 时的状态。

当发动机转速上升到大约 1800r/min 时,转矩达到约 220N·m,此时离合器在"微量打滑"模式下工作。在此模式下,变速器输入轴和链轮装置 1 之间的打滑率(速度差别)保持在 5~20r/min 之间。

14)离合器控制匹配。离合器控制匹配功能的作用是保持恒定的离合器控制质量,控制适合的离合器压力,提高效率。因离合器的摩擦因数经常变化,为了能在任何工作状态下使离合器控制的舒适性能不变,必须不断优化控制电流及离合器转矩之间的关系。离合器的摩擦因数取决于变速器油、变速器油温、离合器温度、离合器打滑率等,为了补偿这些影响并优化离合器控制,在爬坡控制模式和部分负荷状态下,控制电流和离合器转矩要相匹配。

15)故障自诊断功能。故障在很大程度上可通过自诊断功能识别。根据故障对驾驶安全性的影响程度,可通过仪表板上的变速杆位置指示灯显示给驾驶人。故障自诊断的结果有三种不同的显示状态:

①不显示。故障被存储,替代程序能够使汽车继续运行(有某些限制),此故障不显示给驾驶人。因为这对驾驶安全性来说并不严重,驾驶人根据汽车的行驶状况可注意到该故障。

②变速杆位置指示灯倒置显示现存故障。此故障对于驾驶安全性来说仍不严重,但是驾驶人应尽快将故障排除。

③变速杆位置指示灯正置显示现存故障,故障指示灯开始闪烁。此故障对于驾驶安全性来说是严重的,因此,建议驾驶人立即去服务站将故障排除。

16)换档控制。根据边界条件,动态控制程序计算出变速器额定输入转速,电子控制单元对实际值与设定值进行比较,以便获得最佳传动比。

(2)传感器

1)变速器输入转速传感器 G182 和变速器输出转速传感器 G195、G196。传感器 G182、G195、G196 的安装位置如图 6-20 所示。传感器 G182 检测链轮装置 1 的转速,提供实际的变速器输入转速,变速器输入转速与发动机转速一起用于离合器控制,作为变速控制的输入变化参考量。

传感器 G195 和 G196 检测链轮装置 2 的转速,以识别变速器输出转速。来自 G195 的信号用于检测转速,来自 G196 的信号用来区别旋转方向,从而可确定汽车是向前行驶还是向后行驶。变速器输出转速用于变速控制、爬坡控制和坡道停车功能,并为仪表板组件提供车速信号。

若 G195 损坏，则变速器输出转速可通过 G196 的信号取得，但坡道停车功能失效；若 G196 损坏，坡道停车功能也失效；若两个传感器都损坏，可从轮速信号获取替代值（通过 CAN 总线），坡道停车功能失效。

传感器 G195、G196 的位置有偏移，通过此种方式，两个传感器间的相位角相差 25%，如图 6-21 所示。

当来自传感器 G195 的信号为下降沿时，传感器 G196 的位置为 Low；当来自传感器 G196 的信号为下降沿时，传感器 G195 的位置为 High。电子控制单元将这种模式理解为前进档，如图 6-22a 所示。

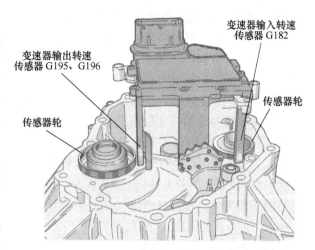

图 6-20 变速器输入转速传感器 G182 和变速器输出转速传感器 G195、G196

当来自传感器 G195 的信号为下降沿时，传感器 G196 的位置为 High；当来自传感器 G196 的信号为下降沿时，传感器 G195 的位置为 Low。电子控制单元将这种模式理解为倒档，如图 6-22b 所示。

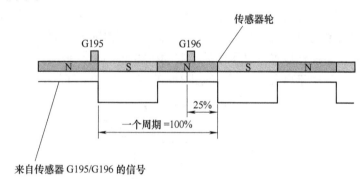

图 6-21 G195 和 G196 信号

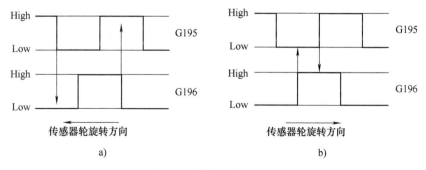

图 6-22 旋转方向的识别
a) 前进档 b) 倒档

2）自动变速器液压传感器 G193、G194。传感器 G193 检测前进档和倒档离合器压力，用来监控离合器功能。离合器压力监控有高的优先权，因此多数情况下，G193 失效时都会使安全阀被激活。传感器 G194 检测接触压力，此压力由转矩传感器调节。因接触压力总是与实际变速器输入转矩成正比，所以利用 G194 的信号可十分准确地计算出变速器输入转矩。G194 的信号用于离合器控制（爬坡功能控制和匹配）。若 G194 信号不正确，则爬坡控制匹配功能失效，爬坡转矩由存储值来控制。

3）多功能开关 F125。多功能开关 F125 如图 6-23 所示，由 4 个霍尔传感器组成，霍尔传感器由换档轴上的电磁阀控制。高位置时开关关闭（1），低位置时开关打开（0），因此，一个开关可产生 1 和 0 两个信号，4 个开关能产生 16 种不同的换档组合。4 个换档组合用于识别变速杆位置（P、R、N、D），2 个换档组合监测中间位置（P-R、R-N-D），10 个换档组合用于故障分析，见表 6-1。例如：变速杆换入 N 位，若霍尔传感器 C 损坏，换档组合为 0001，电子控制单元将不再能识别变速杆位置 N。电子控制单元识别出此换档组合为故障状态并使用合适的替代程序。

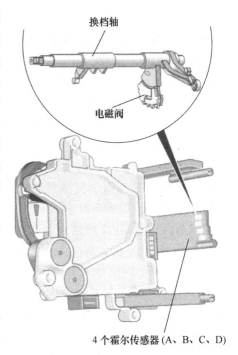

图 6-23 多功能开关 F125

电子控制单元需要换档位置信息用于完成起动机锁止控制，倒车灯控制 P/N，内部锁控制。车辆运行状态信息用于离合器控制（前进/倒车/空档），倒车时用于锁止传动比。

表 6-1 换档组合

变速杆位置	霍尔传感器			
	A	B	C	D
	换档组合			
P	0	1	0	1
P-R	0	1	0	0
R	0	1	1	0
R-N-D	0	0	1	0
N	0	0	1	1
D	1	0	1	0
故障	0	0	0	0
故障	0	0	0	1
故障	0	1	1	1
故障	1	0	0	0
故障	1	1	0	0
故障	1	0	1	1

（续）

变速杆位置	霍尔传感器			
	A	B	C	D
	换档组合			
故障	1	1	0	0
故障	1	1	0	1
故障	1	1	1	0
故障	1	1	1	1

若 F125 有故障，一般很难显示出来，但在某些情况下，将导致车辆不能行驶。

4）变速器油温传感器 G93。传感器 G93 集成在电子控制单元的电子器件中，用于记录电子控制单元铝制壳体的温度，即相应的变速器油的温度。变速器油温影响离合器控制和变速器输入转速控制，在控制和匹配功能中发挥着重要的作用。若 G93 损坏，发动机温度会被用来计算出一个替代值，匹配功能和某些控制功能失效。

为保护变速器部件，若变速器油温超过 145℃，则发动机输出功率将下降；若变速器油温继续上升，则发动机输出功率逐渐减小。

5）制动动作信号。制动动作信号用于变速杆锁止功能、爬坡控制、动态控制程序（DCP）。电子控制单元并不直接与制动灯开关连接，制动动作信号由发动机控制单元 CAN 总线提供。

6）强制降档信号。强制降档信号不需要单独的开关，位于加速踏板组件上的簧载压力元件产生一个阻尼点，将强制降档感觉传给驾驶人。

当驾驶人激活强制降档功能时，传感器 G79 和 G185（加速踏板组件）的电压值超过节气门全开时的电压值。当超过强制低速档点相对应的电压值时，发动机控制单元通过 CAN 总线向变速器电子控制单元发送一个强制降档信号。

在自动模式下，当强制降档功能被激活时，最大加速的最大动力控制参数将被选择。强制降档功能不能被连续激活。当强制降档功能被激活一次后，加速踏板只需要保持在节气门全开位置。

7）Tiptronic（手自一体）开关 F189。Tiptronic 开关 F189 由三个霍尔传感器组成，分别为降档传感器、Tiptronic 识别传感器、升档传感器，这些霍尔传感器由位于鱼鳞板上的电磁阀激活，如图 6-24 所示。

鱼鳞板上有七个 LED 指示灯，四个用于变速杆位置显示，一个

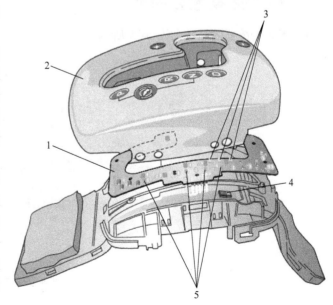

图 6-24 Tiptronic 开关 F189
1—变速杆护板鱼鳞板 2—变速杆护板 3—三个霍尔传感器
4—霍尔传感器电磁阀 5—四个霍尔传感器（用于变速杆位置控制）

用于制动动作信号,其余两个用于变速杆护板上的"+"和"-"信号。

项目实施

任务 01J无级变速器的分解与装配

【任务目标】

1. 熟悉01J无级变速器的结构与工作原理。
2. 学会使用相关的操作工具进行变速器的分解和组装。
3. 掌握相应的检修项目和操作方法。

【任务准备】

01J无级变速器、变速器拆装架、专用工具、常用工具、工具车、零件架、维修手册、ATF、通用润滑脂、抹布等。

【任务实施】

一、作业前的准备

1)将工位清理干净,准备好相关器材。
2)将01J无级变速器安装到拆装架上。

二、01J无级变速器的分解

01J无级变速器的结构如图6-25所示。

图6-25 01J无级变速器的结构

01J无级变速器分解图如图6-26所示。
1)拆卸变速器前端盖固定螺栓,如图6-27所示。

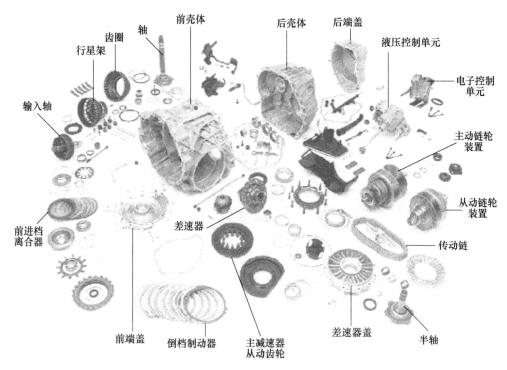

图 6-26　01J 无级变速器分解图

2）用专用工具取出前端盖及前进档离合器、倒档制动器、行星齿轮机构总成，放置在零件架上，如图 6-28 所示。

图 6-27　拆卸变速器前端盖固定螺栓

图 6-28　取出前端盖及前进档离合器、倒档制动器、行星齿轮机构总成

3）分解前进档离合器、倒档制动器、行星齿轮机构，如图 6-29 所示。

4）拆下变速器后端盖，如图 6-30 所示。

5）拆卸变速器电子控制单元。

6）拆卸变速器液压控制单元和液压泵，如图 6-31 所示。

7）分解液压泵，如图 6-32 所示。

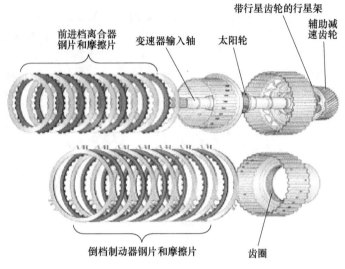

图 6-29 分解前进档离合器、倒档制动器、行星齿轮机构

图 6-30 拆下变速器后端盖

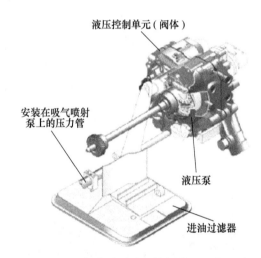

图 6-31 拆卸变速器液压控制单元和液压泵

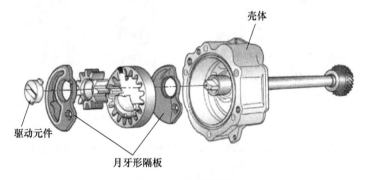

图 6-32 分解液压泵

8）用螺钉旋具拆卸从动链轮装置后罩，如图 6-33 所示。

9）用专用拉具拉出主动链轮装置后齿轮，如图 6-34 所示。

图 6-33 拆卸从动链轮装置后罩

图 6-34 拉出主动链轮装置后齿轮

10) 拆卸卡环和垫圈。
11) 拆下变速器前、后壳体的固定螺栓，用塑料锤敲击后壳体，取下变速器后壳体。
12) 拆下传动链的护板，如图 6-35 所示。
13) 在从动链轮装置后端安装专用工具，通入 450kPa 的压缩空气，使从动链轮张开，从而放松传动链，如图 6-36 所示。

图 6-35 拆下传动链的护板

图 6-36 放松传动链

14) 拆下传动链，如图 6-37 所示。
15) 拆下主动链轮装置，如图 6-38 所示。

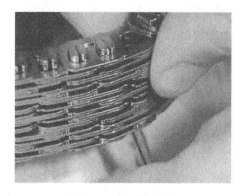
图 6-37 拆下传动链

图 6-38 拆下主动链轮装置

16）拆卸吸气喷射泵，如图6-39所示。

图6-39　拆卸吸气喷射泵

17）拆卸从动链轮装置。

三、01J无级变速器的装配

01J无级变速器的装配按照拆卸的相反顺序进行。

注意：安装完新的变速器电子控制单元后，应进行自适应学习。

课 后 习 题

一、选择题

1. 无级变速器一般简写为（　　）。
   A. MT　　　　　B. CVT　　　　　C. AT　　　　　D. AMT
2. 下列有关无级变速器的描述错误的是（　　）。
   A. 无级变速器理论上存在无数个档位
   B. 由于无级变速器主要依靠链轮与传动链间的摩擦力传动，所以其很难承受大功率发动机产生的强大转矩
   C. 无级变速器并不适用于所有的车型，一般只适用于中低排量的车型
   D. 因为无级变速器基本没有磨损，所以不需要维护
3. 当代轿车上配置的无级变速器是通过（　　）来改变传动比的。
   A. 两轴式变速机构　B. 三轴式变速机构　C. 一对锥齿轮传动　D. 可变链轮旋转直径
4. 下列哪项不是无级变速器的优点（　　）。
   A. 经济性好　　　B. 动力性好　　　C. 排放低　　　D. 传递转矩大
5. 下面关于无级变速器的说法，不正确的是（　　）。
   A. 采用无级变速器，完全克服了发动机特性曲线的各种缺陷
   B. 近似使汽车具有等功率发动机一样的驱动功率
   C. 能改善汽车动力性能
   D. 能提高汽车燃油经济性
6. 无级变速器链轮装置的组成包括（　　）。

A. 金属传动链　　B. 输入轴　　　　C. 输出轴　　　　D. 离合器
7. 可在一定范围内根据阻力的变化，自动地改变传动比和转矩的是（　　）。
　　A. 无级变速器　　B. 有级变速器　　C. 差速器　　　　D. 轮边减速器
8. 不属于自动变速器换档控制的传感器是（　　）传感器。
　　A. 节气门位置　　B. 发动机转速　　C. 车速　　　　　D. 氧
9. 无级变速器和双离合变速器都属于（　　）变速器。
　　A. 自动　　　　　B. 手动　　　　　C. 以上都不是
10. 无级自动变速器在控制系统的调节下，依靠（　　）来促使主、从动链轮的可动部分轴向移动，从而得到连续可变的工作半径。
　　A. 起步离合器　　B. 金属带　　　　C. 液压　　　　　D. 工作轮

二、判断题

1. 自动变速器都是自动无级变速的。（　　）
2. 01J 无级变速器是靠两组滑动锥面链轮来实现无级变速的。（　　）
3. 无级变速器的经济性不如普通自动变速器。（　　）
4. 无级变速器不能传递过大的转矩，所以不能用在装有大排量发动机的车辆上。（　　）
5. 变速器按其传动比的变化可分为无级变速器和有级变速器两类。（　　）
6. 无级变速机构由两组锥面链轮组成，在每组锥面链轮中都有一个链轮可以轴向移动，两组锥面链轮必须保持协调，同步进行调整，以保证链条始终处于合适的张紧状态。（　　）
7. 液压传动能实现无级变速，但变化范围不大。（　　）
8. 锥面链轮的接触压力过低会导致传动链打滑。（　　）

三、问答题

1. 简述 01J 无级变速器的结构组成与工作原理。
2. 简述当无级变速器油温过高时，电子控制单元的控制措施。
3. 转矩传感器的作用是什么？它是如何调节合适的油压产生锥面接触压力的？

项目七

万向传动装置的构造与检修

【案例引入】

某驾驶人说其驾驶的汽车在转弯（通常是接近转向极限角度）加速时，车辆前部会听到"咔咔咔"的连续异响，方向盘、地板上有震感。

【学习目标】

1. 知道万向传动装置的作用、组成及应用。
2. 知道十字轴式万向节、等速万向节的结构与工作原理。
3. 能用正确的工具按照维修手册的要求进行拆装和检修。
4. 能分析并排除相关故障。

【知识准备】

一、万向传动装置的作用和组成

1. 作用

万向传动装置在汽车上有很多应用，结构虽稍有不同，但其作用都是一样的，即在轴线相交且相互位置经常发生变化的两转轴之间传递动力。

2. 组成

万向传动装置主要包括万向节和传动轴，对于传动距离较远的分段式传动轴，为了提高传动轴的刚度，还设置有中间支承，如图7-1所示。

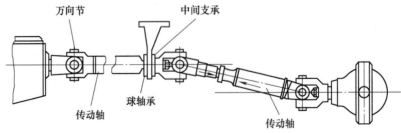

图7-1 万向传动装置的组成

二、万向传动装置的应用

万向传动装置在汽车上的应用主要有以下几个方面:

1. 变速器与驱动桥之间（4×2 汽车）

位于变速器与驱动桥之间的万向传动装置如图 7-2 所示。一般汽车的变速器、离合器与发动机三者合为一体装在车架上，驱动桥通过悬架与车架相连。在负荷变化以及汽车在不平路面行驶时引起的跳动，会使驱动桥输入轴与变速器输出轴之间的夹角和距离发生变化。

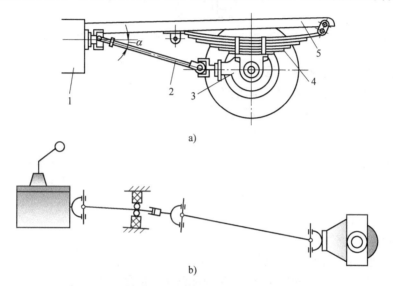

图 7-2 变速器与驱动桥之间的万向传动装置
1—变速器 2—万向传动装置 3—驱动桥 4—后悬架 5—车架

2. 变速器与分动器、分动器与驱动桥之间（越野汽车）

为消除车架变形及制造、装配误差等引起的轴线同轴度误差对动力传递的影响，变速器与分动器、分动器与驱动桥之间须装有万向传动装置，如图 7-3 所示。

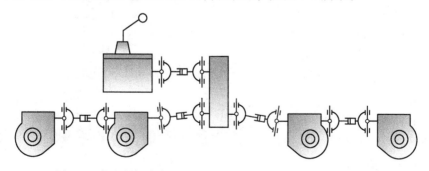

图 7-3 变速器与分动器、分动器与驱动桥之间的万向传动装置

3. 转向驱动桥的内、外半轴之间

转向时两段半轴轴线相交且交角变化，因此转向驱动桥的内、外半轴之间要用万向传动装置，如图 7-4 所示。

4. 断开式驱动桥的半轴之间

主减速器壳在车架上是固定的，桥壳上下摆动，半轴是分段的，断开式驱动桥半轴之间须用万向传动装置，如图 7-5 所示。

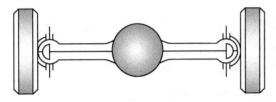

图 7-4 转向驱动桥内、外半轴之间的万向传动装置

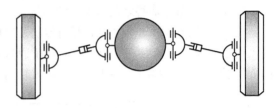

图 7-5 断开式驱动桥半轴之间的万向传动装置

5. 转向机构的转向轴和转向器之间

转向机构的转向轴和转向器之间的万向传动装置如图 7-6 所示，有利于转向机构的总体布置。

三、万向节

在汽车上使用的万向节，按其刚度大小，可分为刚性万向节和挠性万向节。刚性万向节按其速度特性分为不等速万向节（常用的为十字轴式）、准等速万向节（双联式和三销式）和等速万向节（球笼式和球叉式）。目前在汽车上应用较多的是十字轴式万向节和等速万向节。十字轴式万向节主要用于发动机前置后轮驱动的变速器与驱动桥之间，等速万向节主要用于发动机前置前轮驱动的内、外半轴之间。

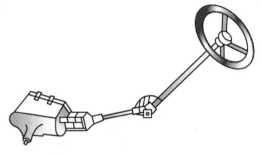

图 7-6 转向机构的转向轴和转向器之间的万向传动装置

1. 十字轴式万向节

十字轴式万向节允许相邻两轴的最大交角为 15°~20°。

（1）结构 十字轴式万向节主要由十字轴、万向节叉等组成，如图 7-7 所示。万向节叉上的孔分别套在十字轴的四个轴颈上。在十字轴轴颈与万向节叉孔之间装有滚针和套筒，用带有锁片的螺钉和轴承盖使之轴向定位。为了润滑轴承，十字轴内钻有油道，且与油嘴、安全阀相通，润滑油通过油嘴注入十字轴内腔。

（2）速度特性 单个十字轴式万向节在主动轴和从动轴之间有夹角的情况下，当主动叉等角速转动时，从动叉是不等角速的，这称为十字轴式

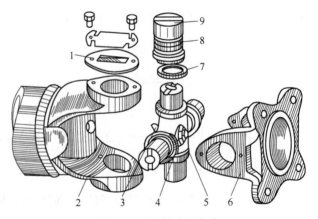

图 7-7 十字轴式万向节

1—轴承盖 2、6—万向节叉 3—油嘴 4—十字轴
5—安全阀 7—油封 8—滚针 9—套筒

万向节的不等速特性。所谓的不等速是指从动轴在转动一周内，其角速度时而大于主动轴角速度，时而小于主动轴角速度。但主、从动轴的平均转速是相等的，即主动轴转一周，从动轴也转一周。

十字轴式万向节的不等速特性将使从动轴及与其相连的传动部件产生扭转振动，从而产生附加的交变载荷，影响部件寿命。所以可以采用如图7-8所示的双十字轴式万向节的传动方式，第一万向节的不等速特性可以和第二万向节的不等速特性抵消，从而实现两轴间的等角速传动。

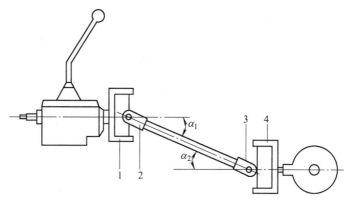

图7-8 双十字轴式万向节等速传动布置
1、3—主动叉　2、4—从动叉

具体条件是：第一万向节两轴间夹角 α_1 与第二万向节两轴间夹角 α_2 相等；第一万向节的从动叉与第二万向节的主动叉处于同一平面内。

由于悬架的振动，不可能在任何时候都保证 $\alpha_1 = \alpha_2$，因此这种双十字轴式万向节的传动只能近似地满足等速传动，且由于两轴夹角最大只能是20°，因此使用上受到限制。

2. 等速万向节

等速万向节的基本原理是传力点永远位于两轴交角的平分面上，如图7-9所示。一对大小相同锥齿轮的接触点 P 位于两齿轮轴线交角的平分面上，由 P 点到两轴的垂直距离都等于 r。P 点处两齿轮的圆周速度相等，两齿轮的角速度也相等。可见，若万向节的传力点在其交角变化时，始终位于两轴交角的平分面上，就能保证等速传动。

等速万向节常见的结构形式有球笼式和球叉式。

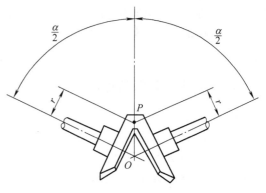

图7-9 等速万向节的工作原理

（1）球笼式万向节　如图7-10所示，球笼式万向节由六个钢球、星形套、球形壳和保持架等组成。星形套与主动轴用花键固接在一起，星形套外表面有六条弧形凹槽滚道，球形壳内表面有相应的六条凹槽，六个钢球分别装在各条凹槽中，由保持架使其保持在同一平面内。动力经主动轴、钢球，由球形壳输出。

球笼式万向节工作时，六个钢球都参与传力，故承载能力强、磨损小、寿命长。它被广泛应用于各种型号的转向驱动桥和独立悬架的驱动桥。

（2）球叉式万向节　球叉式万向节如图7-11所示，它由主动叉、从动叉、四个传动钢球、中心钢球、定位销、锁止销组成。主动叉与从动叉分别与内、外半轴制成一体。在主、从动叉上，分别有四个曲面凹槽，装配后形成两个相交的环形槽，作为钢球滚道。四个传动

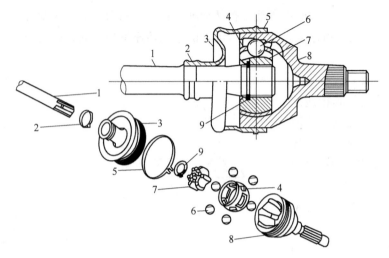

图 7-10 球笼式万向节

1—主动轴 2、5—钢带箍 3—外罩 4—保持架（球笼） 6—钢球
7—星形套（内滚道） 8—球形壳（外滚道） 9—卡环

钢球放在槽中，中心钢球放在两叉中心的凹槽内，以定中心。

球叉式万向节在工作的时候，只有两个钢球传力，磨损快，影响使用寿命，现在应用越来越少。

四、传动轴和中间支承

1. 传动轴

传动轴是万向传动装置中的主要传力部件，通常用来连接变速器（或分动器）和驱动桥，在转向驱动桥和断开式驱动桥中，则用来连接差速器和驱动车轮。传动轴的结构如图7-12所示。汽车在行驶过程中，变速器与驱动桥的相对位置经常变化，为避免运动干涉，传动轴上设有由伸缩套和花键轴组成的伸缩节，使传动轴的长度能随传动距离的变化而伸缩。

传动轴在工作过程中处于高速旋转状态，其转速和所传递的

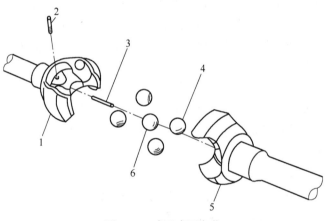

图 7-11 球叉式万向节

1—从动叉 2—锁止销 3—定位销
4—传动钢球 5—主动叉 6—中心钢球

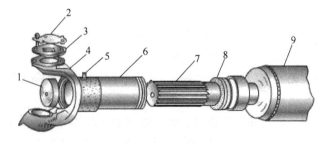

图 7-12 传动轴的结构

1—盖子 2—盖板 3—盖垫 4—万向节叉 5—油嘴 6—伸缩套
7—滑动花键轴 8—油封 9—传动轴管

转矩都在不断地发生变化。为了避免由于离心力引起传动轴的振动，在传动轴和万向节装配后，必须进行平衡试验，以满足动平衡的要求。平衡后，在滑动花键部分还制有箭头标记，以便重装时保持两者的相对位置不变。

2. 中间支承

传动轴分段时需加中间支承，其结构如图 7-13 所示。中间支承前端为中间传动轴，后端为主传动轴，中间支承通常装在车架横梁上，能补偿传动轴轴向和角度方向的安装误差，以及汽车行驶过程中因发动机窜动或车架变形等引起的位移。

五、万向传动装置的故障诊断

由于汽车经常在复杂道路上行驶，万向传动装置的传动轴在其角度和长度不断变化的情况下传递转矩，因此常出现传动轴动不平衡、万向节与中间支承松旷、传动轴异响等故障。

1. 传动轴动不平衡

（1）现象　在万向节和伸缩节技术状况良好时，汽车行驶中发出周期性的响声；速度越高响声越大，甚至伴随有车身振动，握方向盘的手感觉麻木。

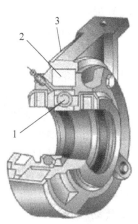

图 7-13　中间支承的结构
1—球轴承　2—橡胶垫　3—轴承座

（2）原因

1）传动轴上的平衡片脱落。

2）传动轴弯曲或传动轴管凹陷。

3）传动轴管与万向节叉焊接不正或传动轴未进行过动平衡试验和校准。

4）伸缩节安装错位，造成传动轴两端的万向节叉不在同一平面内，不满足等速传动条件。

（3）故障诊断与排除方法

1）检查传动轴管是否凹陷，若有凹陷，则故障由此引起；若无凹陷，则继续检查。

2）检查传动轴上的平衡片是否脱落，若脱落，则故障由此引起；否则继续检查。

3）检查伸缩节安装是否正确，若不正确，则故障由此引起；否则继续检查。

4）拆下传动轴进行动平衡试验，若动不平衡，则应校准以消除故障；若传动轴弯曲，应校直。

2. 万向节松旷

（1）现象　在汽车起步或突然改变车速时，传动轴发出"吭"的响声；在汽车缓行时，发出"咣当、咣当"的响声。

（2）原因

1）凸缘盘连接螺栓松动。

2）万向节主、从动部分游动角度太大。

3）万向节十字轴磨损严重。

（3）故障诊断与排除方法

1）用锤子轻轻敲击各万向节凸缘盘连接处，检查其松紧度。若太松旷，则故障由连接螺栓松动引起，否则继续检查。

2）用双手分别握住万向节主、从动部分转动，检查游动角度。若游动角度太大，则故障由此引起。

3. 中间支承松旷

（1）现象　汽车运行中出现一种连续的"嗡嗡"响声，车速越高响声越大。

（2）原因

1）轴承缺油烧蚀或磨损严重。

2）中间支承安装方法不当而造成附加载荷，产生异常磨损。

3）橡胶垫损坏。

4）车架变形，造成前后连接部分的轴线在水平面内的投影不同线而产生异常磨损。

（3）故障诊断与排除方法

1）给中间支承轴承加注润滑脂，若响声消失，则故障由缺油引起；否则继续检查。

2）松开夹紧橡胶垫的所有螺钉，待传动轴转动数圈后再拧紧，若响声消失，则故障由中间支承安装方法不当引起。否则故障可能是橡胶垫损坏、轴承技术状况不佳或车架变形等引起的。

4. 传动轴异响

（1）现象　汽车行驶中传动装置发出周期性的响声；车速越高响声越大，严重时伴随有车身振抖。

（2）原因

1）由于传动轴变形或平衡片脱落等引起传动轴动不平衡。

2）中间支承吊架固定螺栓松动或万向节凸缘盘连接螺栓松动，使传动轴偏斜。

（3）故障诊断与排除　除"传动轴动不平衡"诊断方法外，再检查中间支承吊架固定螺栓和万向节凸缘盘连接螺栓是否松动，若有松动，则异响由此引起。

项目实施

任务　万向传动装置的拆卸与检修

【任务目标】

1. 知道万向传动装置的结构组成和工作原理。
2. 熟练运用工具进行拆装。

【任务准备】

整车模型、万向节总成、常用工具。

【任务实施】

一、万向传动装置的就车检查与维护

1. 就车检查

1）用举升机将车辆举升到合适的高度，并落好安全锁。

2）目视检查传动轴是否有凹陷和裂纹。

3）检查万向节凸缘盘连接螺栓和中间支承吊架固定螺栓等是否松动，如松动应按规定的力矩拧紧。

4）用手大力晃动各个万向节，看其是否存在间隙，如间隙过大，则需要更换万向节。

5）用手晃动传动轴伸缩节，看其是否存在过度松旷，如过度松旷，则应更换传动轴。

2. 就车维护

如万向节、中间支承轴承和传动轴伸缩节等部件带有油嘴，需要用黄油枪定期加注润滑脂。润滑脂的型号通常为锂基2号润滑脂。

二、万向传动装置的检修

1. 传动轴的检修

1）检查传动轴管，不得有裂纹和凹陷，否则应更换传动轴。

2）检查传动轴上的平衡片是否脱落，如脱落，需对传动轴重新进行动平衡校正。

3）检查传动轴伸缩节滑动是否灵活，摇晃是否松旷，否则需要更换传动轴。

4）将传动轴两端放到V形架上，用磁性表座和指示表测量传动轴中部的弯曲度，一般轿车的弯曲度应不大于0.1mm。

2. 万向节的检修

1）检查万向节叉和十字轴，不得有裂纹，否则应更换。

2）转动和晃动万向节叉，不得有间隙，否则说明滚针轴承损坏，需更换十字轴和滚针轴承。

3. 万向节的分解

1）用台虎钳夹住传动轴（不要把轴夹得太紧）。

2）用螺钉旋具或卡环钳拆下4个滚针轴承套卡环。

3）一手抓着传动轴，另一手用锤子轻轻敲打万向节叉的根部，借敲打的反力震出滚针轴承。

4）依次拆下另外3个滚针轴承。

5）将万向节叉连同十字轴一起拆下。

三、万向节的安装

按与拆卸相反的顺序进行安装。

注意：安装滚针轴承套之前，应先在轴承套内涂润滑脂。

课 后 习 题

一、填空题

1. 万向传动装置在汽车上有很多应用，结构也稍有不同，但其作用都是一样的，即在_____且_____的两转轴之间传递动力。

2. 十字轴式万向节允许相邻两轴的最大交角为_____，主要由_____、_____等组成。

3. 单个十字轴式万向节在主动叉是等角速转动时，从动叉是_____的，且两转轴之间的夹角越_____，不等速性就越大。

4. 十字轴式万向节的不等速特性将使从动轴及与其相连的传动部件产生_____，从而产生附加的_____，影响部件寿命。

5. 等速万向节的基本原理是传力点永远位于_____上。

6. 球笼式万向节工作时，_____个钢球都参与传力，故承载能力强、磨损小、寿命长。

7. 传动轴分段时需加_____，中间支承通常装在车架横梁上，能补偿传动轴_____方向的安装误差。

8. 对于不等速万向节，为实现主动叉和从动叉等角速传动，两端万向节叉应在_____，输出轴和输入轴与传动轴的夹角应_____。

9. 等速万向节常见的类型有：_____和_____等。

10. 万向传动装置除用于汽车的传动系统外，还可用于_____和_____。

11. 目前，汽车传动系统中广泛应用的是_____和_____万向节。

12. 如果双十字轴式万向节要实现等速传动，则第一万向节的_____必须与第二万向节的_____在同一平面内。

13. 等速万向节的基本原理是从结构上保证万向节在工作过程中_____。

14. 传动轴在高速旋转时，由于离心力的作用将产生剧烈振动。因此，当传动轴与万向节装配后，必须满足_____要求。

二、选择题

1. 球叉式万向节由主动叉、从动叉、（　　）个传动钢球、中心钢球、定位销、锁止销组成。
   A. 2个　　　　B. 3个　　　　C. 4个　　　　D. 6个

2. 球叉式万向节在工作的时候，只有（　　）个钢球传力。
   A. 2个　　　　B. 3个　　　　C. 4个　　　　D. 6个

3. 关于引起传动轴动不平衡的原因，以下说法错误的是（　　）。
   A. 传动轴上的平衡片脱落　　　　B. 传动轴弯曲或传动轴管凹陷
   C. 伸缩节安装错位　　　　　　　D. 中间支承安装方法不当

4. 关于引起万向节松旷的原因，以下说法错误的是（　　）。
   A. 凸缘盘连接螺栓松动　　　　　B. 传动轴上的平衡片脱落
   C. 万向节主、从动部分游动角度太大　D. 万向节十字轴磨损严重

5. 普通十字轴式万向节允许两轴最大交角为（　　）。
   A. 5°~10°　　B. 10°~15°　　C. 15°~20°　　D. >30°

6. 为适应传动轴工作时在长度方向的变化，通常在传动轴中应采取（　　）布置。
   A. 伸缩节　　B. 万向节叉　　C. 空心轴管　　D. 扭转减振器

7. 在越野车上得到广泛应用的万向节是（　　）。

A. 球叉式万向节 B. 球笼式万向节
C. 三销式万向节 D. 双联式万向节
8. 汽车万向传动装置的组成包括（　　）。
A. 半轴 B. 万向节 C. 传动轴 D. 万向节和传动轴
9. 刚性万向节按照传递速度分类可以分为（　　）和等速万向节等。
A. 不等速万向节 B. 准等速万向节
C. 十字叉式万向节 D. 挠性万向节
10. 目前汽车上广泛应用的等速万向节有球笼式万向节、（　　）等。
A. 三销式万向节 B. 挠性万向节
C. 球叉式万向节 D. 自由三枢轴式万向节
11. 等速万向节的基本原理是从结构上保证万向节在工作过程中，其传力点永远位于两轴交角的（　　）。
A. 平面上 B. 垂直平面上 C. 平分面上 D. 平行面上
12. 十字轴式万向节的十字轴轴颈一般都是（　　）。
A. 空心的 B. 实心的 C. 无所谓 D. A、B、C 均不正确
13. 十字轴式万向节，当主动轴转过一周时，从动轴转过（　　）。
A. 一周 B. 小于一周 C. 大于一周 D. 不一定
14. 双十字轴式万向节实现等速传动的前提条件之一是（　　）。（设 a_1 为第一万向节两轴间夹角，a_2 为第二万向节两轴间的夹角）
A. $a_1 = a_2$ B. $a_1 > a_2$ C. $a_1 < a_2$ D. a_1 与 a_2 无关
15. 下面万向节中属于等速万向节的是（　　）。
A. 球笼式 B. 双联式 C. 球叉式 D. 三销式

三、判断题

1. 传动轴两端的连接件装好后，只做静平衡试验，不用做动平衡试验。（　　）
2. 球笼式万向节星形套与主动轴用花键固接在一起，星形套外表面有六条弧形凹槽滚道。（　　）
3. 单个十字轴式万向节在有夹角时，传动的不等速特性是指主、从动轴的平均转速不相等。（　　）
4. 十字轴式万向节主要用于发动机前置后轮驱动的变速器与驱动桥之间。（　　）
5. 等速万向节主要用于发动机前置后轮驱动的变速器与驱动桥之间。（　　）
6. 球叉式万向节的传力钢球数比球笼式万向节多，所以其承载能力强、耐磨、使用寿命长。（　　）
7. 传动轴两端的万向节叉，安装时应在同一平面内。（　　）
8. 汽车行驶过程中，传动轴的长度可以自由变化。（　　）
9. 普通十字轴式万向节是等速万向节。（　　）
10. 所有的传动轴都应加中间支承。（　　）
11. 球笼式万向节比球叉式万向节承载能力强。（　　）
12. 传动轴和万向节装配后，要进行动平衡试验，并装配平衡片。（　　）
13. 对于十字轴式万向节来说，主、从动轴的交角越大，则传动效率越高。（　　）

14. 对于十字轴式万向节来说，主、从动轴之间只要存在交角，就存在摩擦损失。

（　　）

四、问答题

1. 为什么有些传动轴要做成分段式的？

2. 汽车传动系统为什么要采用万向传动装置？

3. 什么是单个十字轴式万向节的不等速特性？此不等速特性会给汽车传动带来什么危害？怎样实现主、从动轴的等角速传动？

4. 为什么传动轴采用滑动花键连接？

项目八

驱动桥的构造与检修

【案例引入】

一位丰田车主将车开到服务站,反映直线行驶时车辆后部有异响,转弯行驶时异响更明显,需要对车辆进行维修。

【学习目标】

1. 掌握驱动桥的作用和组成。
2. 明白主减速器和差速器的结构与工作原理。
3. 会用相应的工具拆装、检修主减速器和差速器。
4. 能分析并排除驱动桥的相关故障。

【知识准备】

一、驱动桥的作用和组成

1. 作用

驱动桥位于传动系统末端,它的作用是将万向传动装置(或变速器)传来的动力经降速增矩、改变传递方向后,分配到左右驱动轮,并允许左右驱动轮以不同的转速旋转。另外,驱动桥还要承受作用于路面和车架或车身之间的垂直力、纵向力和横向力,以及制动力矩和反作用力。

2. 组成

如图8-1所示,一般汽车的驱动桥由驱动桥壳、主减速器、差速器、半轴和轮毂组成。从变速器或分动器经万向传动装置输入驱动桥的转矩首先传到主减速器,在此增大转矩并相应降低转速后,经差速器分配给左右两半轴,最后通过半轴外端的凸缘传至驱动轮的轮毂。

二、驱动桥的类型

按悬架结构不同,驱动桥可分为非断开式驱动桥和断开式驱动桥。

1. 非断开式驱动桥

非断开式驱动桥又称为整体式驱动桥。整体式驱动桥通过弹性悬架与车架连接,由于半

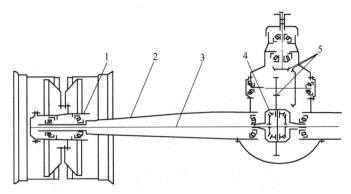

图 8-1 驱动桥的组成
1—轮毂 2—驱动桥壳 3—半轴 4—差速器 5—主减速器

轴套管与主减速器壳是刚性连成一体的,因而两侧的半轴和驱动轮不可能在横向平面内做相对运动。

2. 断开式驱动桥

有些轿车和越野车为了提高行驶平顺性和通过性,车的全部或部分驱动轮采用独立悬架,两侧的驱动轮分别用弹性悬架与车架相连接,两轮可彼此独立地相对于车架上下跳动。与此对应,主减速器壳固定在车架上,驱动桥壳制成分段并通过铰链连接,这种驱动桥称为断开式驱动桥,如图 8-2 所示。

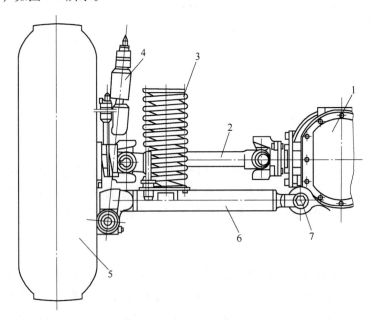

图 8-2 断开式驱动桥
1—主减速器 2—半轴 3—弹性元件 4—减振器 5—驱动轮 6—摆臂 7—摆臂轴

主减速器固定在车架或车身上,两侧驱动轮分别通过各自的弹性元件、减振器和摆臂组成的弹性悬架与车架相连。为适应驱动轮绕摆臂轴上下跳动的需要,差速器与轮毂之间的半轴各端用万向节连接。

三、主减速器

1. 主减速器的作用

主减速器的作用是将输入的转矩增大并相应降低转速,当发动机纵置时,还具有改变转矩旋转方向的作用。

2. 主减速器的类型

按参加减速传动的齿轮副数目可分为单级主减速器和双级主减速器。在双级主减速器中,若第二级减速器齿轮有两副,并分置于两侧驱动轮附近,实际上成为独立部件,则称为轮边减速器。

按主减速器传动比档数可分为单速主减速器和双速主减速器。前者的传动比是固定的,后者有两个传动比供驾驶人选择,以适应不同行驶条件的需要。

按齿轮副结构形式可分为圆柱齿轮式(又可分为轴线固定式和轴线旋转式即行星齿轮式)主减速器、锥齿轮式主减速器和准双曲面齿轮式主减速器。

3. 主减速器的基本结构和安装调整

(1) 基本结构　如图 8-3 所示为轿车单级主减速器,主动锥齿轮通过轴承 6、8 支承在前后壳体 1、5 上,从动锥齿轮连接在差速器壳上,和差速器壳一起用两个圆锥滚子轴承支承在主减速器壳的座孔中。主减速器壳内注有润滑油,在从动锥齿轮的带动下甩到齿轮、轴和轴承上进行润滑。

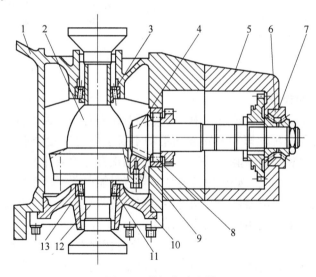

图 8-3　单级主减速器

1—变速器前壳体　2—差速器　3、7、11—调整垫片　4—主动锥齿轮　5—变速器后壳体
6—双列圆锥滚子轴承　8—圆柱滚子轴承　9—从动锥齿轮　10—差速器盖　12—半轴　13—圆锥滚子轴承

(2) 安装与调整　主减速器的正确安装与调整,可有效地减小齿轮啮合冲击噪声,延长使用寿命。主减速器的调整主要有以下三个项目:

1) 主动锥齿轮支承圆锥滚子轴承预紧度的调整。通过更换不同厚度的调整垫片 7,可以调整双列圆锥滚子轴承的预紧度。若发现预紧度过大,则增加调整垫片的总厚度;反之,减小垫片的总厚度。

2) 从动锥齿轮支承圆锥滚子轴承预紧度的调整。有调整螺母和调整垫片两种方法。通过更换不同厚度的调整垫片 3 和 11，可实现从动锥齿轮支承轴承预紧度的调整。

3) 主、从动锥齿轮啮合的调整。包括啮合印痕和齿侧间隙的调整，在主、从动锥齿轮轴承预紧度调整好之后进行。

锥齿轮啮合调整方法如图 8-4 所示。

当啮合印痕偏大端时，将从动锥齿轮向主动锥齿轮移近。若此时齿侧间隙过小，则将主动锥齿轮向外移开，如图 8-4a 所示。

当啮合印痕偏小端时，将从动锥齿轮自主动锥齿轮移开。若此时齿侧间隙过大，则将主动锥齿轮向内移近，如图 8-4b 所示。

当啮合印痕偏齿顶时，将主动锥齿轮向从动锥齿轮移近。若此时齿侧间隙过小，则将从动锥齿轮向外移开，如图 8-4c 所示。

当啮合印痕偏齿根时，将主动锥齿轮自从动锥齿轮移开。若此时齿侧间隙过大，则将从动锥齿轮向内移近，如图 8-4d 所示。

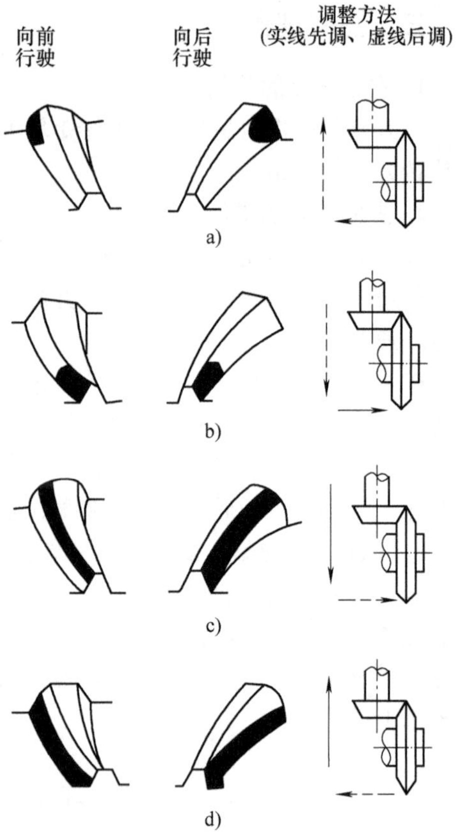

图 8-4　锥齿轮啮合调整

四、差速器

1. 差速器的作用与类型

（1）差速器的作用　汽车行驶过程中，车轮相对路面有两种运动状态：滚动和滑动，其中滑动又有滑转和滑移两种。车轮对路面的滑动不仅会加速轮胎磨损，增加汽车的动力消耗，而且可能导致转向和制动性能的恶化。所以，在正常行驶条件下，应使车轮尽可能不发生滑动。为此，在汽车结构上，必须保证各个车轮有可能以不同角速度旋转。

差速器的作用是将主减速器传来的动力传给左、右两半轴，并在必要时允许左、右半轴以不同转速旋转，以满足两侧驱动轮差速的需要。

（2）差速器的类型　差速器按工作特性，可分为普通差速器和防滑差速器两大类。普通差速器按其安装位置分为轮间差速器和中央差速器两种。装在同一驱动桥两侧驱动轮之间的差速器称为轮间差速器。装在前、后驱动桥之间（4×4），前驱动桥与中、后驱动桥之间（6×6），或中、后驱动桥之间（6×6 或 6×4）的差速器为中央差速器。

2. 普通差速器构造

锥齿轮差速器的构造如图 8-5 所示。

主减速器从动圆柱齿轮夹在两差速器壳 1 和 5 之间，用螺栓将它们固定在一起；十字轴的两个轴颈嵌在两差速器壳断面半圆槽所形成的孔中；行星锥齿轮分别松套在十字轴的四个轴颈上；两个半轴锥齿轮分别与行星锥齿轮啮合，以其轴颈支承在差速器壳中，并以花键与半轴连接。行星锥齿轮背面与差速器壳的内表面均制成球面，保证行星锥齿轮对准正中心，

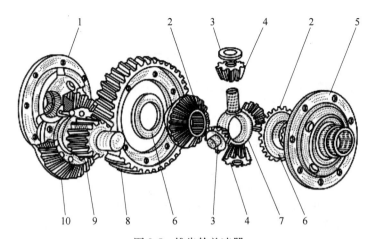

图 8-5 锥齿轮差速器
1、5—差速器壳 2—半轴锥齿轮 3、6—垫片 4—行星锥齿轮 7—十字轴 8—从动圆柱齿轮
9—主动圆柱齿轮 10—从动锥齿轮

以利于和两个半轴锥齿轮正确啮合。

行星锥齿轮和半轴锥齿轮背面与差速器壳之间装有推力垫片3和6,用以减轻摩擦,降低磨损,延长差速器的使用寿命,同时还可以用来调整齿轮的齿侧间隙。调整后,应使半轴锥齿轮大端的球面与四个行星锥齿轮背面的球面相吻合,并在同一球面上,不合适时,应通过改变行星锥齿轮背面球形垫片的厚度来调整。

动力自主减速器从动圆柱齿轮依次经差速器壳、十字轴、行星锥齿轮、半轴锥齿轮、半轴输出给驱动轮。当两侧驱动轮以相同的转速转动时,行星锥齿轮绕半轴轴线转动——公转。若两侧驱动轮阻力不同,则行星锥齿轮在作上述公转运动的同时,还绕自身轴线转动——自转,因而两半轴锥齿轮带动两侧车轮以不同转速转动。

差速器靠主减速器壳中的润滑油润滑。在差速器壳上开有油孔,供润滑油进出。为保证行星锥齿轮和十字轴轴颈之间有良好的润滑,在十字轴轴颈上铣出一平面,并在行星锥齿轮的齿间钻有油孔。

中级以下的轿车,因主减速器输出的转矩不大,故可用两个行星锥齿轮。行星锥齿轮轴相应为一根直销轴,差速器壳也不必分成左右两半,可制成整体式的,其前后两侧都开有大孔,以便拆装行星锥齿轮和半轴锥齿轮。

3. 差速器的工作原理

锥齿轮差速器的差速原理如图8-6所示。

差速器壳与行星锥齿轮轴连成一体,形成行星架,因为它又与主减速器从动齿轮固定连接,因此为主动件,设其角速度为ω_0。半轴锥齿轮1和2为从动件,设其角速度分别为ω_1和ω_2。A、B两点分别为行星锥齿轮与两半轴锥齿轮的啮合点,行星锥齿轮的中心点为C,A、B、C三点到差速器旋转轴线的距离均为r。

当行星锥齿轮只是随同行星架绕差速器旋转轴线旋转(即公转)时,如图8-6b所示,显然,处在同一半径上的A、B、C三点的圆周速度都相等,其值为$\omega_0 r$;于是$\omega_1 = \omega_2 = \omega_0$,也就是差速器不起差速作用,两半轴角速度等于差速器壳的角速度。

当行星锥齿轮除公转外,还绕行星锥齿轮轴以角速度ω_4自转时,如图8-6c所示,啮合

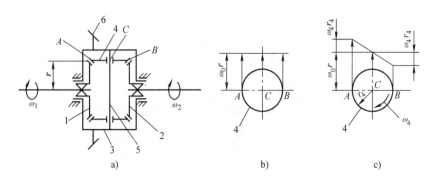

图 8-6　差速器的差速原理

a）差速器示意图　b）行星锥齿轮公转时　c）行星锥齿轮自转时

1、2—半轴锥齿轮　3—差速器壳　4—行星锥齿轮　5—行星锥齿轮轴　6—主减速器从动齿轮

点 A 的圆周速度 $\omega_1 r = \omega_0 r + \omega_4 r_4$，啮合点 B 的圆周速度 $\omega_2 r = \omega_0 r - \omega_4 r_4$。

因此 $\omega_1 r + \omega_2 r = (\omega_0 r + \omega_4 r_4) + (\omega_0 r - \omega_4 r_4)$，即 $\omega_1 + \omega_2 = 2\omega_0$。

若角速度以每分钟转数 n 表示，则 $n_1 + n_2 = 2n_0$。

上式即两半轴锥齿轮直径相等的对称式锥齿轮差速器的运动特性方程式。它表明，左右两侧半轴锥齿轮的转速之和等于差速器壳转速的两倍，而与行星锥齿轮转速无关。所以，汽车在任何行驶条件下，都可以借行星锥齿轮以相应转速自转，使两侧驱动轮以不同转速在地面上滚动而无滑动。

由 $n_1 + n_2 = 2n_0$ 还可得如下结论：

1）当差速器壳转速为零（例如用中央制动器制动传动轴）时，若一侧半轴锥齿轮受其他外来力矩而转动，则另一侧半轴锥齿轮即以相同转速反向转动。

2）任何一侧半轴锥齿轮的转速为零时，另一侧半轴锥齿轮的转速为差速器壳转速的两倍。

4. 差速器转矩分配

差速器转矩分配如图 8-7 所示。

主减速器传来的转矩 M_0，经差速器壳、行星锥齿轮轴和行星锥齿轮传给半轴锥齿轮。行星锥齿轮相当于一个等臂杠杆，而两个半轴锥齿轮半径也是相等的。因此，当行星锥齿轮没有自转时，总是将转矩 M_0 平均分配给左、右两半轴锥齿轮，即 $M_1 = M_2 = M_0/2$。

当两半轴锥齿轮以不同转速朝相同方向转动时，设左半轴转速 n_1 大于右半轴转速 n_2，则行星锥齿轮将按图 8-7 上 n_4 的方向绕行星

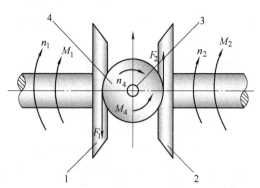

图 8-7　差速器转矩分配

1、2—半轴锥齿轮　3—行星锥齿轮轴　4—行星锥齿轮

锥齿轮轴自转，此时行星锥齿轮孔与行星锥齿轮轴轴颈间以及齿轮背部与差速器壳间都产生摩擦。行星锥齿轮所受的摩擦力矩 M_4 方向与其转速 n_4 方向相反，此摩擦力矩使行星锥齿轮分别对左、右半轴锥齿轮附加作用了大小相等而方向相反的两个圆周力 F_1 和 F_2，F_1 使传到转得快的左半轴上的转矩 M_1 减小，而 F_2 却使传到转得慢的右半轴上的转矩 M_2 增加。因此，

当左、右驱动轮存在转速差时，$M_1=(M_0-M_4)/2$，$M_2=(M_0+M_4)/2$。左、右驱动轮上的转矩之差等于差速器的内摩擦力矩 M_4。

在实际中，由于 M_4 很小，可以忽略不计，则有 $M_1=M_2=M_0/2$。由此可见，无论差速器差速与否，锥齿轮差速器都具有转矩等量分配的特性。这样的转矩分配特性，对汽车在良好路面上行驶是有利的，但会严重影响汽车在不良路面上行驶时的通过能力。

为提高汽车在不良路面上的通过能力，可采用防滑差速器。当汽车某一侧驱动轮发生滑转时，差速器的差速作用即被锁止，并将大部分或全部的转矩分配给未滑转的驱动轮，以充分利用未滑转驱动轮与地面之间的附着力来产生足够的牵引力，驱动汽车继续行驶。

五、半轴与驱动桥壳

1. 半轴

半轴是在差速器与驱动轮之间传递动力的实心轴，其内端与差速器的半轴锥齿轮连接，外端则与驱动轮的轮毂相连。半轴的作用是将差速器传来的动力传给驱动轮。因为传递转矩较大，故半轴常制成实心轴。半轴与驱动轮的轮毂在桥壳上的支承形式，决定了半轴的受力状况。全浮式半轴支承和半浮式半轴支承是现代汽车采用的两种基本形式。

（1）全浮式半轴支承　全浮式半轴支承广泛应用于各型货车上，其结构如图 8-8a 所示。半轴外端锻出半轴凸缘，用螺栓与轮毂连接固定，轮毂用两个圆锥滚子轴承支承在半轴套管上，半轴套管与空心梁压配成一体，组成驱动桥壳。半轴与驱动桥壳没有直接联系，半轴内端用花键与半轴锥齿轮连接，并通过差速器壳支承在主减速器壳的座孔中。这种支承形式使半轴只承受转矩，而不承受任何反力和弯矩，故称为全浮式半轴支承。

全浮式半轴支承便于拆装，只需拧下半轴凸缘上的轮毂螺栓，即可将半轴抽出，而驱动轮和驱动桥壳照样能支承住汽车。

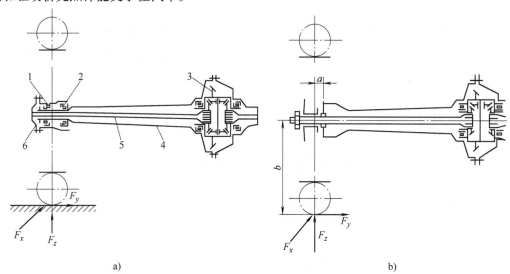

图 8-8　全浮式半轴支承和半浮式半轴支承
a）全浮式　b）半浮式
1—轮毂　2—轴承　3—主减速器从动锥齿轮　4—驱动桥壳　5—半轴　6—半轴凸缘

（2）半浮式半轴支承　图 8-8b 所示为半浮式半轴支承。半轴内端的支承方式与全浮式相同，而外端制成锥形，锥面上有纵向键槽，最外端有螺纹。轮毂有相应的锥孔和半轴锥面配合，并用键连接，用螺母紧固。半轴用圆锥滚子轴承直接支承在驱动桥壳凸缘的座孔内。驱动轮与驱动桥壳之间无直接联系，而支承于悬伸出的半轴外端。因此地面作用于驱动轮的各种反力都须经过半轴外端的悬伸部分传给驱动桥壳，使半轴外端承受转矩、反力及其形成的弯矩，故称这种支承形式为半浮式半轴支承。

为了对半轴进行轴向限位，差速器内装有止推块，以限制其向内轴向窜动；而半轴向外的轴向窜动则通过制动底板对轴承的限位来限制。

半浮式半轴支承结构简单，但半轴受力情况复杂且拆装不便，多用于反力、弯矩较小的各类轿车上。

2. 驱动桥壳

驱动桥壳的作用是支承并保护主减速器、差速器和半轴等，使左、右驱动轮的轴向相对位置固定；同从动桥一起支承车架及其上的各总成重量；汽车行驶时，承受由车轮传来的路面反作用力和力矩，并经悬架传给车架。驱动桥壳结构如图 8-9 所示。

图 8-9　驱动桥壳的结构

驱动桥壳应有足够的强度和刚度，质量小，并便于主减速器的拆装和调整。由于驱动桥壳的尺寸和质量比较大，制造较困难，故其结构形式在满足使用要求的前提下，要尽可能便于制造。驱动桥壳可分为整体式桥壳和分段式桥壳两类。

整体式桥壳具有较大的强度和刚度，且便于主减速器的装配、调整和维修，因此普遍应用于各类汽车上。

分段式桥壳一般分为两段，由螺栓将两段连成一体。分段式桥壳比整体式桥壳易于铸造，加工简便，但维修维护不便。当拆检主减速器时，必须把整个驱动桥从汽车上拆卸下来，目前已很少采用。

项目实施

任务　驱动桥的检修与调整

【任务目标】

1. 知道驱动桥的结构组成和零部件的工作原理。
2. 熟练运用工具进行驱动桥的检查、拆装和调整。

【任务准备】

整车一辆、驱动桥总成、常用工具。

【任务实施】

一、就车检查驱动桥的外观

1）用举升机将车辆举升到合适的高度，并落好安全锁。
2）检查驱动桥壳是否有裂纹和渗油现象，如有渗漏，查明原因，予以排除。
3）检查驱动桥壳内的润滑油量是否合适，正常时油面应与加注螺塞下沿平齐。
4）检查驱动桥壳的通气塞是否保持畅通。
5）用手推动车轮来检查轮毂轴承的松紧度时，应无明显松旷。
6）检查轮胎、半轴和驱动桥壳上的螺栓、螺母，不得有松动。

二、就车拆卸驱动桥并分解

1）选用合适的工具拆下驱动桥壳下部的放油螺塞，并用油桶接好废弃的润滑油。
2）拆卸驱动桥左、右两侧的车轮。
3）拆下左、右半轴的固定螺栓，并取下左、右两侧半轴。
4）拆下传动轴与主减速器的固定螺栓。
5）拆下主减速器壳与驱动桥壳的固定螺栓，并取下主减速器与差速器总成。
6）在主减速器壳两侧轴承盖上做好记号并拆下固定螺母，如图 8-10 所示。

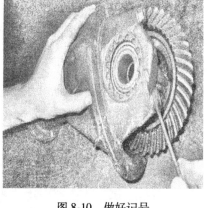

图 8-10 做好记号

7）取下两个轴承盖和调整螺母，如图 8-11 所示。
8）用专用工具固定好主动锥齿轮的凸缘并拆下凸缘的固定螺母，如图 8-12 所示。

图 8-11 取下轴承盖和调整螺母

图 8-12 拆下固定螺母

9）取下主动锥齿轮凸缘和主动锥齿轮，如图 8-13 所示。
10）拆下从动锥齿轮与差速器壳的固定螺栓，如图 8-14 所示。
11）从差速器壳上取下从动锥齿轮，如图 8-15 所示。
12）用细长的冲子拆下行星锥齿轮轴的固定锁销，如图 8-16 所示。

13）用锤子敲击拆下行星锥齿轮轴，如图 8-17 所示。
14）转动行星锥齿轮和半轴锥齿轮并取出，如图 8-18 所示。

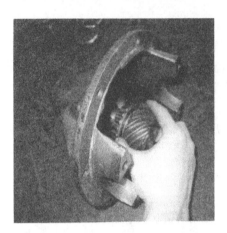

图 8-13　取下凸缘和主动锥齿轮

图 8-14　拆下从动锥齿轮与差速器壳的固定螺栓

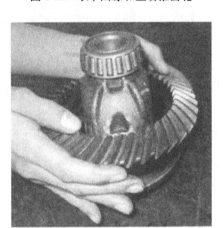

图 8-15　取下从动锥齿轮

图 8-16　拆下行星锥齿轮轴的固定锁销

图 8-17　用锤子敲击拆下行星锥齿轮轴

图 8-18　取出行星锥齿轮和半轴锥齿轮

三、驱动桥零部件的检修

1. 驱动桥壳和半轴套管的检修

1）检查驱动桥壳和半轴套管是否有裂纹，各部位螺纹损伤不得超过 2 牙。
2）检查钢板弹簧座定位孔有无磨损。
3）检查滚动轴承内圈与驱动桥壳的配合，不能过于松旷，否则应更换驱动桥壳。

2. 半轴的检修

1）检查半轴是否有裂纹。
2）检查半轴花键，应无明显的扭转变形。
3）半轴内端花键与半轴锥齿轮花键的配合间隙应不大于 0.8mm，否则应更换。

3. 主减速器壳的检修

1）检查主减速器壳，应无裂纹，各部位螺纹的损伤不得多于 2 牙，否则应更换。
2）差速器左、右轴承孔同轴度误差应小于 0.1mm。

4. 主减速器主、从动锥齿轮的检修

1）检查齿轮工作表面，不得有明显斑点、剥落、缺损和阶梯形磨损。
2）检查从动锥齿轮的铆钉连接，应牢固可靠；用螺栓连接的，连接螺栓的紧固应符合原厂规定，紧固螺栓应锁止可靠。
3）齿轮必须成对更换。

5. 差速器的检修

1）检查差速器壳，不得有裂纹，否则应更换。
2）差速器壳与行星锥齿轮、半轴锥齿轮垫片的接触面应光滑、无沟槽。如有小的沟槽，可用砂纸打磨，并更换半轴锥齿轮垫片。
3）行星锥齿轮、半轴锥齿轮不得有裂纹，工作表面不得有明显斑点、脱落和缺损。
4）差速器壳与轴承、差速器壳与行星锥齿轮轴的配合应没有间隙。

6. 滚动轴承的检修

1）检查轴承的钢球（或滚柱）和滚道，不得有伤痕、剥落、严重黑斑或烧损变色等缺陷，否则应更换。
2）检查轴承保持架，不得有缺口、裂纹、铆钉松动或钢球脱出等现象，否则应更换。

7. 轮毂的检修

1）检查轮毂表面，应无裂纹，否则应更换。轮毂各部位螺纹的损伤不得多于 2 牙。
2）检查轮毂轴承孔与轴承滚道的配合，不得松动，否则应更换轮毂。

四、驱动桥零部件的安装与调整

1. 差速器的装配与调整

（1）安装差速器壳轴承　安装差速器壳轴承时，应用压力机平稳地压入，不得用锤子敲击，以免损伤轴承的工作表面或破坏配合性质。

（2）安装差速器齿轮　在行星锥齿轮和半轴锥齿轮配合的工作表面上涂润滑油，先向差速器壳内装入半轴锥齿轮垫片和半轴锥齿轮，然后装入行星锥齿轮及垫片，并使行星锥齿轮与半轴锥齿轮啮合，对正行星锥齿轮轴孔后装入行星锥齿轮轴，装好行星锥齿轮轴锁销。

(3) 差速器齿轮间隙的调整　安装好半轴锥齿轮、行星锥齿轮和行星锥齿轮轴后，用手转动半轴锥齿轮或行星锥齿轮，如图8-19所示，应能灵活转动；用手轴向晃动半轴锥齿轮或行星锥齿轮，应无明显的旷动；否则需要增减半轴锥齿轮和行星锥齿轮垫片的厚度。

(4) 安装从动锥齿轮和差速器壳　将主减速器从动锥齿轮装在差速器壳上，将固定螺栓按规定方向穿过壳体，套入垫片，用规定力矩交替拧紧螺母。

2. 主减速器的装配与调整

主减速器装配中的调整包括主、从动锥齿轮轴承预紧度的调整（含差速器轴承预紧度的调整）；

图8-19　差速器齿轮间隙的调整

主、从动锥齿轮啮合印痕和齿侧间隙的调整等项目。主减速器的调整质量是决定主减速器主、从动锥齿轮使用寿命的关键，因此，在进行调整作业时，必须遵守如下主减速器调整规则：

1) 先调整轴承的预紧度，再调整啮合印痕，最后调整齿侧间隙。

2) 主、从动锥齿轮轴承的预紧度必须按原厂规定的数值和方法进行调整与检查，在主减速器调整过程中，轴承的预紧度不得变更，始终都应符合原厂规定值。

3) 在保证啮合印痕合格的前提下，调整齿侧间隙。啮合印痕和齿侧间隙的变化量都必须符合技术条件，否则应成对更换齿轮副。

(1) 轴承预紧度的调整　主、从动锥齿轮的轴承，安装时都应具有一定的预紧力，以消除轴承多余的轴向和径向间隙。

1) 主动锥齿轮轴承预紧度的调整。主动锥齿轮轴承预紧度是通过增减调整垫片进行调整的，如图8-20所示。在两轴承之间装有隔套和调整垫片，通过增减调整垫片的厚度即可改变两轴承内圈压紧后的距离，从而使轴承预紧度得到调整。预紧度是否符合要求，可通过测量转动凸缘盘的力矩来判断，若所测得的力矩大于标准值，说明轴承的预紧度过大，应增加调整垫片的厚度；反之则减小调整垫片的厚度。

图8-20　轴承预紧度的调整

2) 从动锥齿轮轴承预紧度的调整。从动锥齿轮固定在差速器壳上，调整从动锥齿轮轴承预紧度就是调整差速器轴承的预紧度，如图8-21所示。

差速器轴承两侧都有调整螺母。装配时，将差速器轴承外圈套在轴承上，将差速器总成装入差速器壳内，将两侧调整螺母装在座孔内，并将螺纹对好，然后将两侧轴承盖对正螺纹后装复（左右两轴承盖不得互换），装好锁片并用螺栓紧固轴承盖。

调整轴承预紧度时，慢慢转动两侧调整螺母，同时慢慢转动差速器总成，使滚柱处于正确位置，如图8-22所示。

图 8-21 调整从动锥齿轮轴承预紧度　　　　图 8-22 转动差速器总成

预紧度是否符合要求可用转动差速器总成的力矩来衡量。预紧度调整后，应将调整螺母锁片锁住。

（2）主、从动锥齿轮啮合印痕和齿侧间隙的调整　主、从动锥齿轮必须有正确的啮合印痕与齿侧间隙，才能正常工作并达到正常的使用寿命。正确的啮合印痕与齿侧间隙是通过轴向移动齿轮改变其相对位置来实现的。调整时，在从动锥齿轮的大约十个轮齿上涂抹红丹油，然后沿顺时针和逆时针方向往复转动主动锥齿轮数圈，观察从动锥齿轮齿面的接触图形，即齿轮啮合印痕。

主、从动锥齿轮啮合印痕与齿侧间隙的调整要求是：主、从动锥齿轮应沿齿长方向接触，其位置控制在齿轮的中部偏向小端，离小端端部 2～7mm，接触印痕的长度不小于齿长的 50%，齿高方向的接触印痕应不小于齿高的 50%，一般应距齿顶 0.80～1.60mm，齿侧间隙为 0.15～0.50mm。如果主、从动锥齿轮的啮合印痕和齿侧间隙不符合要求，应通过移动主动锥齿轮或从动锥齿轮进行调整。

1）主动锥齿轮的移动。通过增减主动锥齿轮轴承座与主减速器壳之间的调整垫片的厚度来调整，增减垫片厚度，即可实现主动锥齿轮的轴向移动。

通过增减主动锥齿轮背面与轴承之间的调整垫片来调整。这种结构若轴承预紧度调整垫片是靠在轴肩上的，则调整锥齿轮轴向移动的同时，也必须等量增减轴承预紧度的调整垫片。否则由于轴肩轴向位置的移动将改变已调好的轴承预紧度。该调整方式，每次调整都需将主动锥齿轮上的轴承压下来，维修调整不方便。

2）从动锥齿轮的移动。从动锥齿轮轴向位置的调整装置与轴承预紧度的调整装置是共享的。因此，在轴承预紧度调整好后，只需将左、右两侧的调整垫片从一侧调到另一侧，或左、右两侧的调整螺母一侧拧出多少另一侧就等量拧进多少，就可以在不改变轴承预紧度的前提下，改变从动锥齿轮的轴向位置。

课 后 习 题

一、填空题

1. 驱动桥由＿＿＿＿＿、＿＿＿＿＿、＿＿＿＿＿和＿＿＿＿＿等组成。
2. 主减速器按齿轮副的数目分为＿＿＿＿＿和＿＿＿＿＿，按齿轮副的结构形式分为_____式、_____式和_____式。

3. 发动机纵向布置的汽车，其主减速器（单级）采用一对_____传动；发动机横向布置的汽车，其主减速器（单级）采用一对_____传动。

4. 汽车在行驶过程中，发动机的动力经过离合器、变速器、万向传动装置传至主减速器，主减速器（单级）从动齿轮依次将动力经_____、_____和_____传给驱动轮。

5. 行星锥齿轮的自转是指_____，公转是指_____。

6. 半轴的支承形式分为_____和_____两种。半轴的一端与_____相连，另一端与轮毂相连。

7. 当汽车直线行驶时，行星锥齿轮只有_____，没有_____，此时差速器壳、行星锥齿轮及半轴锥齿轮的转速_____；当汽车转弯行驶时，行星锥齿轮既有_____，又有_____，此时两半轴锥齿轮的转速_____。

8. 按悬架结构的不同，驱动桥的类型有_____驱动桥和_____驱动桥两种。

二、选择题

1. 锥齿轮差速器起作用的时间为（　　）。
   A. 汽车转弯　　　　　　　　B. 直线行驶
   C. A、B 情况下都起作用　　　D. A、B 情况下都不起作用

2. 单级主减速器中，从动锥齿轮两侧的圆锥滚子轴承预紧度的调整应在齿轮啮合调整（　　）。
   A. 之前进行　　　　　　　　B. 之后进行
   C. 同时进行　　　　　　　　D. 之前、之后进行都可

3. 设对称式锥齿轮差速器壳的转速为 n_0，左、右两侧半轴锥齿轮的转速分别为 n_1 和 n_2，则有（　　）。
   A. $n_1+n_2=n_0$　　　　　　B. $n_1+n_2=2n_0$
   C. $n_1+n_2=n_0/2$　　　　　D. $n_1=n_2=n_0$

4. 设对称式锥齿轮差速器左、右两侧半轴锥齿轮所得的转矩分别为 M_1、M_2，则有（　　）。
   A. $M_1=M_2=M_0$　　　　　　B. $M_1=M_2=2M_0$
   C. $M_1=M_2=M_0/2$　　　　　D. $M_1+M_2=2M_0$

5. 全浮式半轴承受（　　）的作用。
   A. 转矩　　　B. 弯矩　　　C. 反力　　　D. A、B、C

6. 当汽车在平整干燥的路面上直线行驶时，差速器的行星锥齿轮（　　）。
   A. 只有自转，没有公转　　　B. 只有公转，没有自转
   C. 既有公转，又有自转　　　D. 不确定

7. 主减速器的作用是（　　）。
   A. 减小转矩　　　　　　　　B. 降低转速，增大转矩
   C. 增大转速　　　　　　　　D. 增大附着力

8. 如将一辆汽车的后驱动桥架起来，并挂上档，这时转动一侧车轮，另一侧车轮将（　　）。

A. 同向并以相等的速度转动　　B. 反向并以相等的速度转动
　　C. 不转动　　D. 反向并以不等的速度转动
9. 下列哪个调整内容不属于主减速器的调整项目（　　）。
　　A. 轴承预紧度　　B. 啮合印痕
　　C. 齿侧间隙　　D. 调整螺母的紧固情况
10. 汽车在转弯行驶时，差速器中行星锥齿轮的运动状态（　　）。
　　A. 静止不转　　B. 只有公转
　　C. 只有自转　　D. 既有公转又有自转
11. 动力在驱动桥内的传递路线是（　　）。
　　A. 差速器壳→十字轴→半轴锥齿轮→行星锥齿轮→左右半轴
　　B. 差速器壳→十字轴→行星锥齿轮→半轴锥齿轮→左右半轴
　　C. 差速器壳→行星锥齿轮→十字轴→半轴锥齿轮→左右半轴
　　D. 差速器壳→半轴锥齿轮→十字轴→行星锥齿轮→左右半轴
12. 当行驶的汽车一侧车轮陷入泥泞打滑时，另一侧在好路面上的车轮将（　　）。
　　A. 正常转动　　B. 以比原来转速大一倍的速度转动
　　C. 停止转动　　D. 反向转动
13. 差速器具有转矩平均分配的特点，因此当左轮打滑时，右轮获得的转矩（　　）。
　　A. 大于左轮转矩　　B. 小于左轮转矩
　　C. 等于左轮转矩　　D. 等于零
14. 锥齿轮差速器能使两侧驱动轮差速靠的是（　　）。
　　A. 行星锥齿轮的自转　　B. 半轴锥齿轮的自转
　　C. 差速器的自转　　D. 差速器壳的自转
15. 若驱动桥一侧车轮的转速为零，则另一侧车轮的转速（　　）。
　　A. 一定为零　　B. 等于差速器壳转速
　　C. 等于差速器壳转速的两倍　　D. 以上都不是
16. 连接轮盘和半轴凸缘的零件是（　　）。
　　A. 轮毂　　B. 轮辋　　C. 轮辐　　D. 轮胎

三、判断题

1. 汽车行驶时，差速器行星齿轮有公转、自转和不转三种运动状态。（　　）
2. 双速主减速器就是具有两对齿轮副的主减速器。（　　）
3. 当汽车在一般条件下行驶时，应选用双速主减速器中的高速档，而在行驶条件较差时，则采用低速档。（　　）
4. 对于对称式锥齿轮差速器来说，当两侧驱动轮的转速不相等时，行星锥齿轮仅自转不公转。（　　）
5. 当行星锥齿轮没有自转时，对称式锥齿轮差速器总是将转矩平均分配给左、右两半轴锥齿轮。（　　）
6. 当采用半浮式半轴支承时，半轴与驱动桥壳没有直接联系。（　　）
7. 只有圆锥滚子轴承的预紧度可调，圆柱滚子轴承无须调整。（　　）
8. 汽车行驶时，只要两侧驱动轮受到的行驶阻力不等或两轮的滚动半径不等，差速器

就存在差速作用。 ( )

9. 全浮式半轴支承要承受地面传到车轮上的全部反力。 ( )

10. 对主减速器主、从动锥齿轮啮合进行调整时，齿侧间隙的调整为首要，啮合印痕的调整为次要，否则将加剧齿轮磨损。 ( )

四、问答题

1. 驱动桥的作用是什么？
2. 主减速器的作用是什么？
3. 差速器有几种类型？各起何作用？
4. 主减速器的调整内容有哪些？应注意哪些问题？

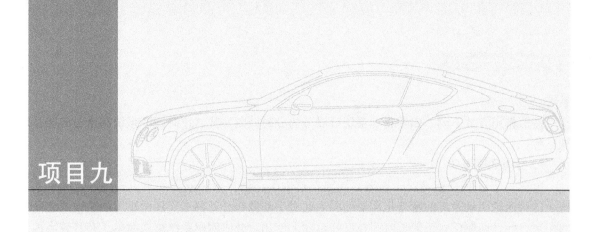

项目九

四轮驱动系统的构造与检修

【案例引入】

一辆行驶里程约 3 万 km、装备 LUJ 型 1.4T 发动机和 MHB 型六档自动变速器,具有四轮驱动系统的 2015 款别克昂科拉,客户报修故障:车辆正常行驶 1km 左右,仪表盘就会显示"全轮驱动关闭"的故障警告信息。

【学习目标】

1. 掌握四轮驱动系统的基本原理。
2. 能识别四轮驱动系统不同类型的运转方式。
3. 能描述四轮驱动系统主要部件的工作原理。
4. 能分析并排除相关故障。

【知识准备】

一、四轮驱动系统概述

汽车发动机产生的动力经离合器、变速器、主减速器和差速器等最后通过驱动轴传递给驱动轮,在驱动轮向路面施加作用力的同时,驱动轮受到一个来自地面的反作用力,即使车轮向前滚动的驱动力。

汽车驱动轮产生的驱动力受到地面附着性能的影响,并且与车重的大小成正比。在驱动功率和质量分布相同时,具有四个驱动轮的车辆可以传递两轮驱动车辆双倍的驱动力。

为了改善汽车的操纵性能,特别是为了提高车辆在低摩擦因数路面行驶时的动力性和稳定性,许多汽车采用了四轮驱动系统。四轮驱动系统能够把发动机的动力有效地分配在四个车轮上,确保四个车轮都能有效抓地,使车辆具有优良的越野性能,并且在高速行驶时也可以保持良好的稳定性和安静性。

二、四轮驱动系统的类型

按照结构形式不同,四轮驱动系统可以分为基于前驱的四驱系统和基于后驱的四驱系统。

按照作用方式不同，四轮驱动系统可以分为分时四驱系统、适时四驱系统和全时四驱系统三种。

1. 分时四驱系统

分时四驱系统是指驾驶人根据不同路况可以手动切换两驱或者四驱模式的四轮驱动系统。这种四轮驱动系统的特点是需要驾驶人通过手动操作分动器来实现两驱与四驱模式之间的切换，而且四驱模式不能长时间在良好路面上使用。分时四驱系统结构简单，有着较高的稳定性，多见于硬派越野车。

分时四驱系统的结构示意图如图 9-1 所示。从图 9-1 中可以看出，通过分动器可将发动机输出的动力传递到前、后轴，从而实现四轮驱动。分时四驱车在良好路面上行驶都是采用两驱模式，只有在雪地、泥泞等湿滑路段时才采用高速或低速四驱模式，以提高车辆的通过性和稳定性。

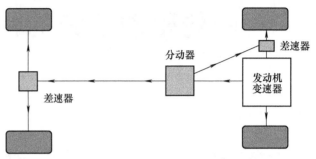

图 9-1　分时四驱系统的结构示意图

2. 适时四驱系统

汽车在行驶过程中，适时四驱系统会根据行驶情况自动切换为两驱或四驱模式，这过程不需要人为操作。相对于分时四驱系统来说，适时四驱系统免去了烦琐的手动操作，由 ECU 自动完成。适时四驱系统广泛应用于城市 SUV 和轿车上。

普通的适时四驱系统是从前驱动桥引一根传动轴，并通过一个多片离合器式差速器连接到后驱动桥上，结构上与分时四驱系统相似，分动器换成了电子控制的多片离合器式差速器。多片离合器式差速器主要是通过湿式离合器片产生差动转矩，而离合器的压紧与分离是靠电子系统来控制的。车辆在正常行驶时，驱动模式为前驱，如检测出车轮打滑，通过电子系统控制离合器压紧，进而将部分动力传递至后轮。理论上 ECU 会根据车速和路况在 100∶0 至 50∶50 之间自动分配前、后轴转矩，以达到抓地性能最优化。适时四驱系统通常在主驱动轮失去抓地力（打滑）后，另外的驱动轮才会被介入，所以它的响应速度较慢。图 9-2 所示为适时四驱系统的结构示意图。

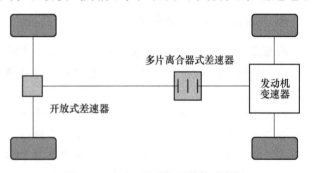

图 9-2　适时四驱系统的结构示意图

3. 全时四驱系统

全时四驱指的是汽车的四个车轮时时刻刻都能单独提供驱动力，在行驶过程中，一直保持四轮驱动的形式，发动机输出转矩以一定的比例分配到前、后驱动轮，具有很好的越野性和操作性。全时四驱系统多用于中高端车型上。

全时四驱系统中设置了一个中央差速器，将动力分配到前、后驱动桥。与分时四驱、适时四驱不同的是，全时四驱车行驶过程中一直保持四轮驱动，根据不同的路况，中央差速器将发动机动力以一定的比例分配到前、后驱动轮。

因为是"时时"四驱，相对于其他四轮驱动系统，没有了两驱和四驱模式之间切换的响应时间，主动安全性更胜一筹。相对于两驱车型，全时四驱是将发动机的动力经过传动系统分配到四个车轮上，所以能获得更为平稳的驱动力。即使在极限路况（泥泞湿地、山路）下或激烈驾驶时，全时四驱车都有很高的通过性及稳定性。不过其结构复杂昂贵，油耗较高。图9-3所示为全时四驱系统的结构示意图。

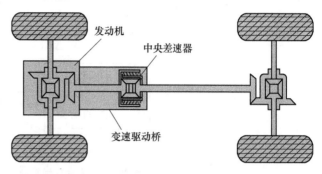

图9-3 全时四驱系统的结构示意图

三、四轮驱动系统的主要部件

1. 分动器

分动器的主要作用是将变速器输出的动力分配到各个驱动桥。分动器一般设有高速档和低速档，变速可通过一套行星齿轮或者两组齿轮来实现，动力传递一般通过齿轮副或者金属链。分动器的结构布置如图9-4所示。

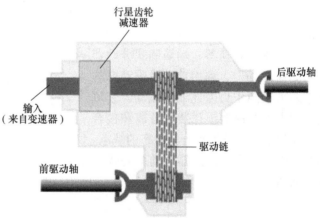

图9-4 分动器的结构布置

分动器的类型有以下几种：

（1）直接连接式分动器 直接连接式分动器分为两种，一种如图9-5所示，切换装置布置在分动器内，当牙嵌离合器接通时，即为四轮驱动；反之即为后轮驱动。另一种为装有变速装置的分动器，设有两档，在普通路面上使用高速档，在恶劣路面上使用低速档。通过牙嵌离合器进行二驱或四驱模式的切换。

（2）液压多片离合器式分动器 当液压多片离合器分离时，汽车为后轮驱动；当液压多片离合器接合在一起时，发动机的动力也能传递给前轮，如图9-6所示。

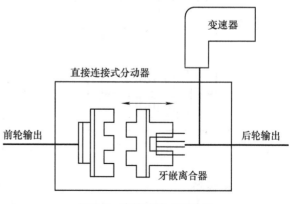

图9-5 直接连接式分动器

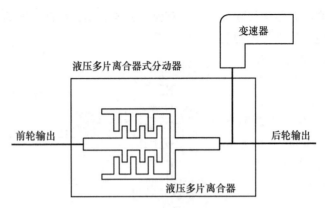

图 9-6 液压多片离合器式分动器

(3) 中央差速器锁死式分动器 通过中央差速器，可以把发动机动力按一定比例分配给前、后驱动轮。此种形式分动器大多数采用牙嵌离合器，可通过驾驶人操作，或该装置自动动作使中央差速器锁死，如图 9-7 所示。

(4) 中央差速器差动限制式分动器 使用黏性联轴器，利用前、后驱动轮的转速差来限制中央差速器的差动。它可以克服中央差速器锁死装置分离和接合时工作粗暴而影响汽车行驶状态的缺点。图 9-8 所示为中央差速器差动限制式分动器的两种形式。

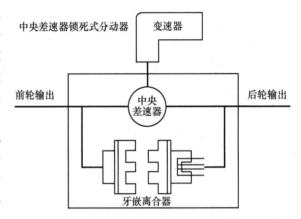

图 9-7 中央差速器锁死式分动器

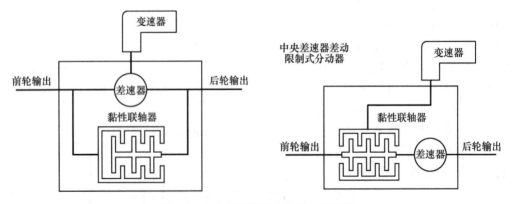

图 9-8 中央差速器差动限制式分动器

2. 中央差速器

(1) 托森差速器 托森差速器采用蜗轮蜗杆传动，具有良好的自锁性能，其结构紧凑、可靠性高、传动直接，是一种全自动纯机械防滑差速器。

托森差速器的结构如图9-9所示，其由两个蜗杆装置组成。直齿轮通过蜗轮与两个蜗杆啮合在一起，安装在差速器壳中，可自由旋转。每个蜗杆都与一根驱动轴固定地连接在一起。差速器壳与主减速器从动锥齿轮用螺栓连接在一起。

当汽车直线行驶（或前、后驱动条件相同）时，前、后驱动桥壳无转速差，来自发动机的驱动力通过空心轴传至差速器壳。差速器壳通过蜗轮轴将驱动力传至蜗轮（此时蜗轮无自转），再传到前、后轴蜗杆。前轴蜗杆再通过差速器齿轮轴将动力传至前驱动桥，后轴蜗杆通过驱动轴凸缘盘将驱动力传至后驱动桥，从而实现前、后驱动桥的同速驱动。差速器不起差速作用。

当汽车转弯（或前、后驱动条件不同）时，前、后驱动桥出现转速差，通过啮合的直齿轮相对转动（即蜗轮自转），使一轴蜗杆转速加快，另一轴蜗杆转速下降，实现差速作用。差速器能使转速较低的驱动桥比转速较高的驱动桥分配到的转矩大，即附着力大的驱动桥得到的驱动转矩大。由此可见，差速器内的速度平衡是通过直齿轮来完成的。同理，当前、后驱动桥中某一桥因附着力小而出现滑转时，差速器起作用。差速器将大部分转矩分配给附着力好的驱动桥，从而提高汽车通过坏路面的能力。

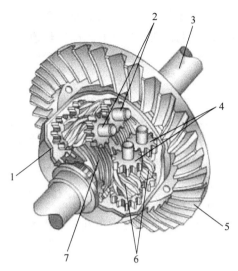

图9-9 托森差速器的结构
1—差速器壳 2—直齿轮轴 3—半轴 4—直齿轮
5—主减速器从动锥齿轮 6—蜗轮 7—蜗杆

（2）多片离合器式差速器 多片离合器式差速器依靠湿式多片离合器产生差动转矩。这种差速器多用作适时四驱系统的中央差速器使用。其内部有两组摩擦片，一组为主动片，一组为从动片。主动片与前轴连接，从动片与后轴连接。两组摩擦片被浸泡在专用油中，二者的接合和分离依靠电子系统控制，如图9-10所示。

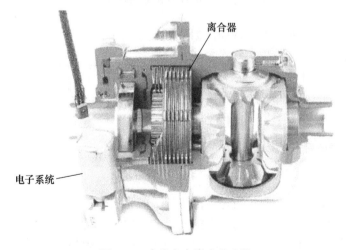

图9-10 多片离合器式差速器

在直线行驶时，前、后轴的转速相同，主动片与从动片之间没有转速差，此时摩擦片分离,车辆基本处于前驱或后驱状态,可达到节省燃油的目的。在转弯过程中,前、后轴出现转速差,主、从动片之间也产生转速差。当转速差没有达到电子系统预设的要求时,两组摩擦片依然处于分离状态,此时车辆转向不受影响。

当前、后轴的转速差超过一定限度时,例如前轮开始打滑,电子系统会控制液压机构将多片离合器压紧,此时主动片与从动片开始发生接触,类似离合器的接合,转矩从主动片传递到从动片上,从而实现四驱。

多片离合器式差速器的接通条件和转矩分配比例由电子系统控制,反应速度快,部分车型还具备手动控制的"LOCK"功能,即主、从动片可保持全时接合状态,功能接近专业越野车的四驱锁止状态。但摩擦片最多只能传递50%的转矩给后轮,并且高强度的使用会使摩擦片过热而失效。

(3) 黏性联轴器式差速器　黏性联轴器式差速器通常安装在以前轮驱动为基础的四轮驱动汽车上。黏性联轴器式差速器的结构如图9-11所示。

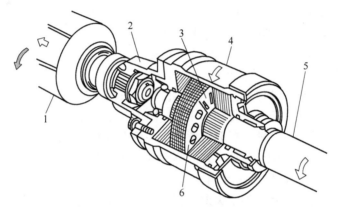

图 9-11　黏性联轴器式差速器的结构
1—前传动轴　2—传力鼓　3—内叶片(花键轴传力片)　4—壳体
5—后传动轴　6—外叶片(壳体传力片)

黏性联轴器式差速器的工作原理简图如图9-12所示。在后传动轴上装有许多叶片,插在前传动轴壳体内的许多叶片当中,并充入体积约占联轴器内部空间80%~90%的高黏度硅油作为工作介质,其余空间为空气。前传动轴与前置发动机上的变速分动装置相连,后传动轴与后驱动桥相连。

在正常行驶时,前、后轮没有转速差,黏性联轴器不起作用,动力不分配给后轮,汽车处于前驱状态。

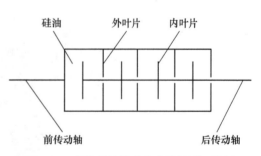

图 9-12　黏性联轴器式差速器的原理简图

汽车在湿滑路面上行驶时,前轮打滑空转,前、后轮出现较大的转速差。黏性联轴器的内、外叶片剧烈搅动硅油,致使其温度上升(最高可达200℃)、压力增大(最高可达100kPa),产生极大的黏性阻力,阻止内、外叶片间的相对运动。这样,就自动地把动力传给后轮,汽车就转变为四驱状态。

在汽车转向时,黏性联轴器还可吸收前、后轮的转速差。在汽车制动时,可以防止后轮先抱死的现象发生。

黏性联轴器式差速器的优点有结构简单、成本低廉、占用空间小、可用作轮间或中央差速器等。其缺点是反应速度慢，转矩分配比例小，接合和分离不可手动控制，高负荷工作时因为过热可能会失效。

四、分动器常见故障的诊断与维修

分动器常见故障的诊断与维修见表 9-1。

表 9-1 分动器常见故障的诊断与维修

故障现象	可能原因	维修方法
分动器换档困难或不能换入所要求的档位	分动器变速杆卡滞	必要时修理或更换变速杆
	润滑油不足或不正确	排干或重新向分动器充注正确型号和数量的润滑油
	分动器内部部件卡滞、磨损或损坏	必要时修理或更换部件
分动器在所有驱动模式下均有噪声	润滑不足或不正确	排干或重新向分动器充注正确型号和数量的润滑油
润滑油从分动器密封件或通气孔中泄漏	润滑油加注过多	将润滑油排放至正确的油面
	分动器通气孔关闭或堵塞	必要时清洗或更换通气孔
	分动器密封件损坏或安装不正确	更换可能损坏的密封件
分动器不能换到分时四轮驱动（灯一直亮着）	传动系统转矩过大不能完成换档	瞬间松开加速踏板以完成换档
	轮胎压力不合格	必要时纠正轮胎压力
	轮胎过度磨损	必要时纠正轮胎状况
	汽车负载过大	必要时加以纠正

项目实施

任务　四轮驱动系统分动器的拆装

【任务目标】

1. 熟悉分动器的结构组成和工作原理。
2. 能够说出分动器各部件的名称及各档动力传递路线。
3. 熟练运用工具进行分动器的检查、拆装和调整。

【任务准备】

分动器、常用及专用工具。

【任务实施】

拆装分动器
1) 拆下分动器盖，说出各档动力传动路线。

2）拆装齿轮传动机构（具体拆装过程同手动变速器）。

课 后 习 题

一、选择题

1. 分时四驱系统主要由（　　），前、后传动轴和前、后驱动桥组成。
   A. 分动器　　　B. 中央差速器　　　C. 轮间差速器　　　D. 左、右驱动轮
2. 分时四驱系统的分动器布置在（　　）。
   A. 变速器的前面　B. 直接装在变速器后　C. 只装在前桥　　D. 只装在后桥
3. 全时四驱系统的动力由（　　）分配到前、后驱动桥。
   A. 中央差速器　B. 分动器　　　　　C. 变速器　　　　D 减速器
4. 汽车驱动轮产生的驱动力受到地面附着性能的影响，并且与车重大小（　　）。
   A. 成正比　　　B. 成反比　　　　C. 无关系　　　　D. 不确定

二、判断题

1. 两轮驱动时，分动器的作用是把动力传递到后轮；四轮驱动时，分动器的作用是把动力传递到前轮和后轮。（　　）
2. 汽车在行驶过程中，系统能根据行驶情况自动切换为两驱或四驱模式的为适时四驱系统。（　　）
3. 全时四驱系统中设置了一个分动器，将动力分配到前、后驱动桥。（　　）
4. 托森差速器是一个全自动纯机械差速器，采用了蜗轮蜗杆传动。（　　）

三、问答题

1. 什么是分时四驱系统和全时四驱系统？各有何特点？
2. 说明黏性联轴器式差速器的结构和工作原理。
3. 分动器的作用是什么？有哪些类型？

课后习题答案

项目一课后习题答案

一、填空题
1. 发动机　驱动轮
2. 机械式　液力机械式　静液式　电力式
3. 离合器　变速器　传动轴　主减速器　半轴　驱动轮
4. 发动机前置后轮驱动　发动机前置前轮驱动　发动机后置后轮驱动　四轮驱动
5. 发动机前置后轮驱动

二、判断题
1. 对　2. 对　3. 对　4. 对　5. 对

三、问答题
1. 汽车传动系统的作用是什么？主要有哪些类型？

传动系统的作用是将发动机发出的动力按需要传给驱动轮，具有减速、变速、倒车、中断动力、轮间差速和轴间差速等功能。

按传力介质的不同，可分为机械式、液力机械式、静液式、电力式等。

2. 简述汽车传动系统的主要布置形式。

发动机前置后轮驱动、发动机前置前轮驱动、发动机后置后轮驱动、四轮驱动。

3. 简述发动机前置前轮驱动的优点与不足。

优点：车身地板平整，有利于增大车内空间；传动距离短，有利于减轻整车质量；整车质量靠近车辆重心，行驶稳定性好。

缺点：前轴结构很复杂，并且操纵机构的布置也较困难；前轮负荷过大，前轮磨损加剧。

项目二课后习题答案

一、填空题
1. 压紧弹簧　分离杠杆
2. 分离轴承　分离杠杆　离合器踏板的自由行程
3. 分离不彻底　打滑
4. 扭转减振器
5. 主动部分　从动部分　压紧机构　操纵机构
6. 拉索　杆系

二、选择题

1. ABC 2. CD 3. D 4. ABD 5. C 6. B 7. A 8. B 9. A 10. BC 11. BC 12. B 13. AC 14. AD 15. AD 16. B 17. A 18. AD 19. BD 20. B 21. A 22. B 23. C 24. D 25. D 26. C 27. A 28. C 29. A 30. A 31. B 32. B 33. C 34. C 35. B 36. C 37. B 38. C 39. B 40. A

三、判断题

1. 错 2. 对 3. 错 4. 错 5. 错 6. 对 7. 对 8. 对 9. 对 10. 对 11. 对 12. 对 13. 对 14. 对

四、问答题

1. 汽车传动系统中为什么要装离合器？摩擦式离合器分为哪些类型？

（1）离合器可以使发动机与传动系统逐渐接合，保证汽车平稳起步；可以切断发动机与传动系统的联系，便于发动机起动和变速器换档；还能限制所传递的转矩，防止传动系统过载。

（2）按从动盘数目的不同，可分为单盘式、双盘式和多盘式；按压紧弹簧形式的不同，可分为周布弹簧式、中央弹簧式、斜置弹簧式和膜片弹簧式；按操纵方式的不同，可分为机械操纵式、液压操纵式和气动操纵式。

2. 叙述摩擦式离合器的基本组成和工作原理。

（1）摩擦式离合器由主动部分、从动部分、压紧机构、操纵机构四部分组成。

（2）离合器处于接合状态时，压紧弹簧使压盘、飞轮及从动盘互相压紧，发动机转矩经飞轮及压盘传递到从动盘，再经过变速器输入轴向传动系统输入。

踩下离合器踏板时，分离轴承前移，压在分离杠杆上，使压盘产生一个向后的拉力，当大于压紧弹簧的张力时，从动盘与压盘飞轮分离，发动机则停止向变速器输出动力。

若要接合离合器，驾驶人应缓慢放松离合器踏板，控制操纵机构使分离轴承和分离叉向后移动，压紧弹簧的张力迫使压盘和从动盘压向飞轮。

3. 什么是离合器踏板的自由行程？为什么要有自由行程？如何检查？

为消除自由间隙所需的离合器踏板行程，称为自由行程。

如果没有自由行程，从动盘摩擦片磨损变薄后，压盘不能前移，将造成离合器打滑。

检查：用钢直尺测量踏板自由状态时的高度，用手轻压踏板感觉有阻力时，再次测量踏板高度，两者之差即为离合器踏板的自由行程。

4. 膜片弹簧离合器有何特点？

膜片弹簧离合器具有操纵轻便、能自动调节压紧力、结构简单、轴向尺寸小、压紧力分布均匀、磨损均匀、维修保养方便等特点。

5. 扭转减振器的作用是什么？

作用：避免共振，缓和传动系统所受的冲击载荷。

6. 离合器打滑的原因有哪些？

1）离合器的自由行程过小或者没有自由行程，分离轴承经常压在分离杠杆上，使离合器处于半分离状态。

2）压紧弹簧弹力下降。

3）摩擦片、压盘严重磨损、表面硬化或沾有油污。

4）离合器盖螺栓松动。

5）分离杠杆调整不当。
7. 离合器分离不彻底的原因有哪些？
1）离合器踏板自由行程过大。
2）摩擦片翘曲、铆钉松动或摩擦片破碎。
3）分离杠杆不在同一平面上。
4）从动盘毂花键与变速器输入轴花键磨损严重或者锈蚀发卡，影响从动盘转动。
5）更换的摩擦片过厚。
6）从动盘装反。
7）离合器液压式操纵机构中有空气。

项目三课后习题答案

一、填空题
1. 变速传动机构　换档操纵机构　有级变速器　无级变速器　综合式变速器
2. 待接合的齿圈　同步　啮合　同步装置　锁止装置　接合装置
3. 自锁装置　互锁装置　倒档锁　自锁装置　互锁装置
4. 转矩　转速　降低　增加　大于
5. 强制操纵式变速器　自动操纵式变速器　半自动操纵式变速器
6. 直接操纵式　远距离操纵式

二、选择题
1. ABCD　2. C　3. A　4. D　5. AC　6. D　7. A　8. ABCD　9. B　10. A　11. B　12. A　13. C　14. D　15. B　16. A　17. D　18. C　19. C　20. B

三、判断题
1. 错　2. 错　3. 对　4. 对　5. 对　6. 错　7. 对　8. 错　9. 对　10. 对　11. 错　12. 对　13. 错　14. 对　15. 错

四、问答题
1. 变速器的作用是什么？
1）改变传动比，扩大驱动轮转矩和转速的变化范围，以适应经常变化的行驶条件，同时使发动机在最有利的工况下工作。
2）在发动机旋转方向不变的情况下，使汽车能倒退行驶。
3）利用空档中断动力传递，以使发动机能够起动、怠速运转，并便于变速器换档或进行动力输出。
2. 变速器是如何分类的？
1）按传动比变化方式分：有级变速器、无级变速器、综合式变速器。
2）按操纵方式的不同分：强制操纵式变速器、自动操纵式变速器、半自动操纵式变速器。
3. 变速器的换档方式有几种？
有三种，分别是利用滑动齿轮换档，利用接合套换档，利用同步器换档。
4. 同步器的作用是什么？

使接合套与待接合的齿圈之间迅速达到同步，并阻止二者在同步前进入啮合，从而可消除换档时的冲击，缩短换档时间，简化换档过程。

5. 对变速器有哪些基本要求？
1）具有合理的档数和传动比。
2）具有倒档和空档，便于汽车行驶和中断动力输出。
3）传动效率高，操纵轻便，工作可靠，噪声小。
4）结构简单，体积小，重量轻，制造成本低，维修方便。

6. 简述变速器变速和变向的原理。

当小齿轮为主动齿轮，带动大齿轮转动时，输出转速降低，称为减速传动；当大齿轮驱动小齿轮时，输出转速升高，称为增速传动。汽车变速器就是根据这一原理，利用若干大小不同的齿轮副传动而实现变速的。在主动齿轮和从动齿轮之间再增加一个中间齿轮，就可以改变动力传递的方向，实现倒档。

项目四课后习题答案

一、填空题

1. 电控机械式自动变速器　无级自动变速器　液力自动变速器
2. 液力变矩器　液压控制系统　电子控制系统
3. 液压油
4. N　P
5. 泵轮　涡轮　导轮
6. 泵轮　涡轮
7. 单向离合器　锁止离合器
8. 太阳轮　齿圈　行星架
9. 离合器　制动器　单向离合器
10. 辛普森式　拉维娜式
11. 减速　减速　反向减速　相同　相同　1　空档
12. 完全相同　太阳轮　太阳轮　齿圈
13. 动力源　执行机构　控制机构
14. 液力变矩器外壳　齿轮泵　转子泵　叶片泵
15. 换档油压控制　转矩控制　N-D 换档控制

二、选择题

1. D　2. D　3. A　4. A　5. D　6. B　7. A　8. D　9. B　10. A　11. B　12. A　13. A　14. A　15. B　16. A　17. C　18. C　19. A　20. B　21. C　22. D　23. A　24. A

三、判断题

1. 错　2. 错　3. 错　4. 错　5. 对　6. 错　7. 错　8. 对　9. 对　10. 错　11. 对　12. 对　13. 错　14. 对　15. 对　16. 对　17. 对　18. 错　19. 对　20. 对

四、问答题

1. 液力变矩器由哪几个工作轮组成？其工作特点是什么？

（1）液力变矩器由泵轮、涡轮和固定不动的导轮所组成。

（2）变矩器不仅能传递转矩，而且可以改变转矩，即输入转矩不变的情况下，随着涡轮的转速变化，使涡轮输出不同的转矩（即改变转矩）。

2. 液力耦合器和液力变矩器各有何优点？

耦合器的优点：保持汽车起步平稳，衰减传动系统中的扭转振动，防止传动系统过载。

变矩器的优点：除具有耦合器全部优点外，还具有随汽车行驶阻力的变化而自动改变输出转矩和车速的作用。

3. 简述单排行星齿轮机构的结构及其变速原理。

单排行星齿轮机构是由太阳轮、行星架（含行星轮）、齿圈组成。固定其中任意一个构件，其他两个构件分别输入输出，就得到一种传动比，这样有6种组合方式；任意两个构件锁为一体时，相当于直接档，传动比为1；当没有固定件时，相当于空档，无输出动力。

4. 简述离合器的结构及其工作原理。

离合器的两个旋转件分别与摩擦片和钢片连为一体，当离合器活塞通入液压油时，摩擦片和钢片压紧，两者在摩擦力的作用下连为一体旋转。

5. 制动器有几种类型？结构和原理是什么？

制动器分湿式多片和带式两种；湿式多片制动器和湿式多片离合器的结构相似，只不过是把旋转件和固定件连为一体；带式制动器是利用围绕在制动鼓周围的制动带收缩而产生制动效果的。

6. 单向离合器和锁止离合器的作用是什么？

单向离合器的作用是单向锁止行星齿轮机构中某个基本构件的旋转。

锁止离合器的作用是使变矩器的输入（泵轮）轴和输出（涡轮）轴刚性连接在一起，从而提高效率。

7. 简述液力自动变速器电子控制系统的组成和控制原理。

液力自动变速器的电子控制系统主要由输入装置、电控单元（ECU）和执行器（电磁阀）三大部分组成。

ECU根据安装在发动机、自动变速器及汽车各部位上的传感器测得的运行参数，以及各个控制开关送来的驾驶人的操作指令，通过分析运算，按ECU内设定的控制程序向各个电磁阀发出控制信号，以操纵阀板中各个控制阀的工作，驱动离合器和制动器等液压执行元件，从而实现对自动变速器的全面控制。

8. 辛普森式行星齿轮机构和拉维娜式行星齿轮机构的结构特点是什么？

辛普森式行星齿轮机构的结构特点：前后两个行星排的齿轮参数完全相同；前后两个太阳轮连成一体，即共用太阳轮，称为太阳轮组件；前行星架与后齿圈相连并作为输出组件；前齿圈和太阳轮组件通常作为输入组件。

拉维娜式行星齿轮机构的结构特点：两行星排共用行星架和齿圈；后太阳轮、短行星轮、长行星轮、行星架及齿圈组成双行星轮式行星排；前太阳轮、长行星轮、行星架及齿圈组成一个单行星轮式行星排；两排行星轮互相啮合。

9. 简述液力自动变速器ECU的功能。

控制换档时刻，控制主油路油压，控制锁止离合器，控制换档平顺性，自动模式选择控制，自诊断及失效保护控制等。

10. 液力自动变速器的液压控制系统由哪几部分组成？

液压控制系统的组成：

动力源——液压泵；

执行机构——主要由离合器、制动器和液压缸组成；

控制机构——包括各种阀。

11. 如何更换自动变速器油？

1）车辆运行至自动变速器达到正常工作温度（70~80℃）后停车熄火。

2）拆下自动变速器油底壳上的放油螺塞，将油底壳内的液压油放净。

3）拆下油底壳，将油底壳清洗干净。

4）拆洗自动变速器散热器油管接头，用压缩空气将散热器内的残余油液吹出，再接好油管接头和放油螺塞。

5）加入规定牌号的自动变速器油。

6）起动发动机，检查自动变速器的油面高度。

7）让汽车行驶至发动机和自动变速器达到正常工作温度，再次检查油面高度是否在油尺刻线的上限附近，如油位过低，应继续加油至满足规定要求为止。

12. 自动变速器如何进行换档平顺性控制？

自动变速器改善换档平顺性的方法有换档油压控制、转矩控制和 N-D 换档控制。

换档油压控制：在升档或降档的瞬间，ECU 会通过油压电磁阀适当降低主油路油压，以减小换档冲击，改善换档质量。

转矩控制：在换档的瞬间，通过推迟发动机点火时刻或减小喷油量来减小发动机输出转矩，以减小换档冲击和输出轴的转矩波动。

N-D 换档控制：当变速杆由 P 位或 N 位换至 D 位或 R 位时，或由 D 位或 R 位换至 P 位或 N 位时，通过调整喷油量，把发动机转速的变化降低到最小限度，以改善换档质量。

项目五课后习题答案

一、选择题

1. A 2. A 3. B 4. B 5. A 6. A 7. C 8. B 9. D 10. C 11. C 12. D 13. B 14. C

二、判断题

1. 对 2. 错 3. 对 4. 对 5. 对 6. 错

三、问答题

1. 直接换档变速器的特点是什么？

直接换档变速器将手动变速器和自动变速器的优点结合到一起，既具有自动变速器驾驶舒适性好、换档无冲击等优点，又兼具手动变速器传动效率高、结构强度好、动力性强、经济性好等优点。整体表现为自动换档更迅速，燃油消耗更低，动力表现更佳，换档更平顺。

2. DSG 为什么又称双离合变速器？双离合变速器为什么需要两个输入轴？

因为直接换档变速器使用两组离合器，故又称为双离合变速器。双离合变速器具有两个离合器，每个离合器可以分别接入发动机转矩，提供两条输入线路，所以需要两个输入轴。

3. 说明七档 DSG 的结构和工作原理。

七档 DSG 由双离合器、机械变速器、控制系统（液压系统和电子控制单元）三部分组成。

工作原理：七档 DSG 主要由两个相互独立的子变速器组成，每个子变速器的结构都与手动变速器相同，各有一个离合器。两个离合器都是干式离合器，由机械电子模块根据待挂档位进行控制。离合器 K_1、输入轴 1、输出轴 1 和一、三、五、七档传动齿轮等构成了子变速器 1；离合器 K_2、输入轴 2、输出轴 2、3 和二、四、六、倒档传动齿轮等构成了子变速器 2。在工作过程中，始终有一个子变速器传递动力，另一个子变速器可换至下一档，因为该档的离合器处于分离状态。

项目六课后习题答案

一、选择题

1. B　2. D　3. D　4. D　5. A　6. A　7. A　8. D　9. A　10. C

二、判断题

1. 错　2. 对　3. 错　4. 对　5. 对　6. 对　7. 错　8. 对

三、问答题

1. 简述 01J 无级变速器的结构组成与工作原理。

01J 无级变速器主要由飞轮减振装置、行星齿轮机构、辅助减速齿轮、链传动装置、液压控制系统、电子控制系统组成。主动链轮和从动链轮的直径在一定的范围内可以连续变化，从而实现传动比的连续变化。

2. 简述当无级变速器油温过高时，电子控制单元的控制措施。

变速器油温影响离合器控制和变速器输入转速控制，为保护变速器部件，若变速器油温超过 145℃，则发动机输出功率将下降；若变速器油温继续上升，则发动机输出功率逐渐减小。

3. 转矩传感器的作用是什么？它是如何调节合适的油压产生锥面接触压力的？

转矩传感器的作用是根据要求建立尽可能精确安全的接触压力。

在汽车稳定运行的情况下，出油孔只部分关闭，打开出油孔后压力下降，调节压力缸内的压力。若输入转矩提高，则控制凸缘将进一步关闭出油孔，压力缸内的压力升高，直到建立起新的平衡。若输入转矩下降，出油孔将进一步打开，压力缸内的压力降低，直到恢复压力平衡。当转矩达到峰值时，控制凸缘完全关闭出油孔。

项目七课后习题答案

一、填空题

1. 轴线相交　相互位置经常发生变化
2. 15°~20°　十字轴　万向节叉
3. 不等角速　大

4. 扭转振动　交变载荷

5. 两轴交点的平分面

6. 六

7. 中间支承　轴向和角度

8. 同一平面内　相等

9. 球叉式　球笼式

10. 动力输出装置　转向操纵机构

11. 十字轴式　等速

12. 从动叉　主动叉

13. 传力点永远位于两轴交角的平分面上

14. 动平衡

二、选择题

1. C　2. A　3. D　4. B　5. C　6. A　7. B　8. D　9. AB　10. C　11. C　12. A　13. A　14. A　15. AC

三、判断题

1. 错　2. 对　3. 错　4. 对　5. 错　6. 错　7. 对　8. 对　9. 错　10. 错　11. 对　12. 对　13. 错　14. 对

四、问答题

1. 为什么有些传动轴要做成分段式的？

当传动轴过长时，由于固有频率低，易产生共振，同时为减轻自重，通常将传动轴做成分段式。

2. 汽车传动系统为什么要采用万向传动装置？

因为汽车在传递动力的过程中，传动轴的相对位置和交角在不断发生变化，因此必须设置万向传动装置，以满足传动要求。

3. 什么是单个十字轴式万向节的不等速特性？此不等速特性会给汽车传动带来什么危害？怎样实现主、从动轴的等角速传动？

不等速特性：十字轴式万向节的主动轴以等角速度转动，而从动轴时快时慢，但主、从动轴的平均角速度相等，此即单个十字轴式万向节传动的不等速特性。

危害：十字轴式万向节传动的不等速特性，将使从动轴及与其相连的传动部件产生扭转振动，从而产生附加的交变载荷，影响部件寿命。

实现等角速传动：采用双十字轴式万向节，则第一万向节的不等速特性就有可能被第二万向节的不等速特性抵消，从而实现两轴间的等角速传动。根据运动学分析可知，要达到这一目的，必须满足以下两个条件：①第一万向节两轴间夹角与第二万向节两轴间夹角相等；②第一万向节的从动叉与第二万向节的主动叉处于同一平面内。

4. 为什么传动轴采用滑动花键连接？

传动轴是在变速器和驱动桥间传递动力的装置，由于驱动桥的位置经常发生变化，造成二者之间的距离变化。为了避免运动干涉，使传动轴的长度能变化，设置了伸缩套和花键轴，即采用滑动花键连接。

项目八课后习题答案

一、填空题

1. 主减速器　差速器　半轴　驱动桥壳
2. 单级主减速器　双级主减速器　圆柱齿轮　锥齿轮　准双曲面齿轮
3. 锥齿轮　圆柱齿轮
4. 差速器壳　行星锥齿轮　半轴锥齿轮
5. 绕行星锥齿轮轴轴线旋转　绕半轴轴线旋转
6. 全浮式　半浮式　半轴齿轮
7. 公转　自转　相等　自转　公转　不相等
8. 整体式　断开式

二、选择题

1. C　2. A　3. B　4. C　5. A　6. B　7. B　8. B　9. D　10. D　11. B　12. C　13. C　14. A　15. C　16. A

三、判断题

1. 错　2. 错　3. 对　4. 错　5. 对　6. 错　7. 对　8. 对　9. 错　10. 错

四、问答题

1. 驱动桥的作用是什么？

驱动桥的作用是将万向传动装置（或变速器）传来的动力经降速增矩、改变传递方向后，分配到左右驱动轮，并允许左右驱动轮以不同的转速旋转。另外，驱动桥还要承受作用于路面和车架或车身之间的垂直力、纵向力和横向力，以及制动力矩和反作用力。

2. 主减速器的作用是什么？

1）增大转矩，降低转速。

2）当发动机纵置时，改变转矩的旋转方向。

3. 差速器有几种类型？各起何作用？

差速器有轮间差速器、中央差速器和防滑差速器三种。

轮间差速器的作用：在汽车直线行驶或转向时，能使两侧驱动轮有不同的旋转角速度，以保证驱动轮纯滚动而无滑动。

中央差速器的作用：在汽车直线行驶或转向时，使多轴驱动汽车两驱动桥上的四个驱动轮可以有不同的旋转角速度，并且都能在地面上纯滚动而无滑动。

防滑差速器的作用：当左、右或前、后驱动轮中的某一驱动轮打滑时，由差速器传来的转矩大部分或全部传给不打滑的驱动轮，用以驱动汽车继续行驶。

4. 主减速器的调整内容有哪些？应注意哪些问题？

主减速器的调整内容：主、从动锥齿轮轴承预紧度的调整，主、从动锥齿轮啮合印痕和齿侧间隙的调整。

注意问题：先调整轴承的预紧度，再调整啮合印痕，最后调整齿侧间隙；主、从动锥齿轮轴承的预紧度必须按原厂规定的数值和方法进行调整与检查，在主减速器调整过程中，轴承的预紧度不得变更；在保证啮合印痕合格的前提下，调整齿侧间隙。

项目九课后习题答案

一、选择题
1. A 2. B 3. A 4. A

二、判断题
1. 对 2. 对 3. 错 4. 对

三、问答题

1. 什么是分时四驱系统和全时四驱系统？各有何特点？

分时四驱系统是指驾驶人根据不同路况可以手动切换两驱或者四驱模式的四轮驱动系统。这种四轮驱动系统的特点是需要驾驶人通过手动操作分动器来实现两驱与四驱模式之间的切换，而且四驱模式不能长时间在良好路面上使用。

全时四驱系统是指汽车的四个车轮时时刻刻都能单独提供驱动力，在行驶过程中，一直保持四驱模式的四轮驱动系统。中央差速器将发动机动力以一定的比例分配到前、后轮，具有很好的越野性和操作性。

2. 说明黏性联轴器式差速器的结构和工作原理。

黏性联轴器式差速器在后传动轴上装有许多叶片，插在前传动轴壳体内的许多叶片当中，并充入体积约占联轴器内部空间80%~90%的高黏度硅油作为工作介质，其余空间为空气。前传动轴与前置发动机上的变速分动装置相连，后传动轴与后驱动桥相连。

在正常行驶时，前、后轮没有转速差，黏性联轴器不起作用，动力不分配给后轮，汽车处于前驱状态。

汽车在湿滑路面上行驶时，前轮打滑空转，前、后轮出现较大的转速差。黏性联轴器的内、外叶片剧烈搅动硅油，致使其温度上升（最高可达200℃）、压力增大（最高可达100kPa），产生极大的黏性阻力，阻止内、外叶片间的相对运动。这样，就自动地把动力传给后轮，汽车就转变为四驱状态。

3. 分动器的作用是什么？有哪些类型？

分动器的主要作用是将变速器输出的动力分配到各个驱动桥。

分动器的类型有直接连接式分动器、液压多片离合器式分动器、中央差速器锁死式分动器、中央差速器差动限制式分动器等。

参 考 文 献

[1] 李黎华. 汽车传动系统的诊断与维修 [M]. 北京：机械工业出版社，2011.
[2] 沈锦. 汽车底盘构造与维修 [M]. 北京：机械工业出版社，2007.
[3] 董长兴，李明清. 汽车自动变速器构造与维修 [M]. 北京：机械工业出版社，2016.
[4] 张红伟. 汽车底盘构造及维修 [M]. 2版. 北京：高等教育出版社，2007.
[5] 胡勇，娄学辉. 汽车传动系统检测与修复 [M]. 北京：机械工业出版社，2011.
[6] 刘冬生，陈崇月，荆红伟. 汽车底盘构造与检修 [M]. 北京：机械工业出版社，2017.
[7] 李守纪，李傲寒. 金鑫，等. 汽车底盘维修 [M]. 北京：人民交通出版社，2014.